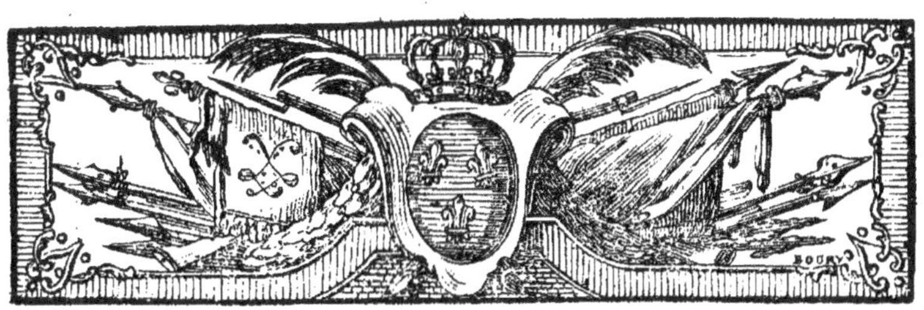

AU ROI,

ET A NOSSEIGNEURS

DE SON CONSEIL,

SIRE

Claude Joseph Meslé Subdélégué du ſieur Intendant, & Commiſſaire départi en la Généralité de Caën, pour l'Election d'Avranches.

REPRESENTE TRÈS-HUMBLEMENT à Votre Majesté, que depuis qu'il remplit la place de Subdélégué à Avranches, il s'eſt fait une loi de s'acquitter de ſes fonctions avec autant d'intégrité que de déſintéreſſement, & qu'il s'eſt porté avec le plus grand zele à tout ce qui pouvoit procurer le bien public dans une ville qui, ſoit par la nature de ſon terroir, ſoit par ſa poſition à portée de pluſieurs rivieres & ſur les bords de la mer, ſeroit propre au commerce, & où néanmoins il a été preſque inconnu juſqu'à préſent.

Le Suppliant ne craint pas de défier qui que ce ſoit de lui faire aucun reproche fondé dans l'exercice de ſes fonctions.

Cependant il a eu le ſort commun à tous ceux qui entreprennent de faire le bien : il n'a pu éviter de ſe faire des jaloux & même des ennemis, qui, quoiqu'en petit nombre, lui font éprouver aujourd'hui la persécution la plus violente & en même tems la plus injuste. Comme ils n'ont pu trouver dans sa conduite aucun prétexte de l'accuser, ils ont saisi l'occasion d'un desséchement de marais, dans lequel il se trouve intéressé, pour l'attaquer personnellement, pour lui faire les imputations les plus injurieuses, & lui faire essuyer la plus scandaleuse diffamation.

L'exposé des faits sera connoître à VOTRE MAJESTÉ combien sont mal fondées les déclamations qu'on s'est permises contre le Suppliant, & combien il est intéressant, non pas de punir les auteurs de ces manœuvres, dont il se borne à plaindre les égaremens, mais de lui procurer une satisfaction qui le mette en état de remplir avec honneur & avec fruit, les fonctions délicates & importantes que le sieur Intendant de Caën a jugé à propos de lui confier.

FAIT.

DANS le territoire de la Paroisse de Courtilx, près la ville d'Avranches, il se trouve un marais appellé vulgairement *le marais de Courtilx*, d'environ quatre cents quarante-cinq vergées, qui reçoit les eaux de plusieurs ruisseaux qui s'y rendent de différens côtés.

Comme la position de ce marais le rend très-sujet aux inondations, & que les eaux y croupissent faute d'un écoulement suffisant, il paroît que de toute ancienneté l'on avoit senti la nécessité de le dessécher. La preuve en est, qu'il y avoit été pratiqué des douves, bieux & autres ouvrages dont les habitans sont chargés par leurs aveux de faire le curement. Mais soit par l'insuffisance de ces ouvrages, soit par la négligence des habitans, l'inondation a toujours subsisté, ainsi que les inconvéniens qui en sont la suite.

Pour faire mieux connoître l'etat de ce marais & la nécessité d'en faire faire le desséchement, le Suppliant ne croit pas pouvoir mieux faire que de rendre compte ici d'une Requête que les habitans de Courtilx présenterent en l'année

1741 au Sr de la Briffe alors Intendant deCaën. On n'accusera pas le Suppliant d'avoir influé sur l'exposé de cette Requête. Il n'étoit pas alors Subdélégué du sieur Intendant de Caën, il n'avoit pas encore acquis la petite ferme qui lui a donné un intérêt personnel au dessechement du marais, il n'étoit même pas alors en basse-Normandie.

Requête présentée à M l'Intendant de Caen par les habitans de Courtilx en l'année 1741.

Les habitans de Courtilx exposent dans cette requête que « plusieurs & différens cours d'eau viennent se rendre dans » leurs marais, pour de-là se décharger dans la mer ; que les » douves & creux se sont tellement comblés depuis trente- » cinq ans qu'on ne les a entiérement curés ni vuidés, que les » eaux n'ayant plus la liberté de leur passage, se répandent » en si grande abondance sur la surface dudit marais que, de- » puis plusieurs années, il leur est devenu absolument inutile ; » à joindre (disent-ils) que les terres voisines en sont grande- » ment endommagées par les inondations, ce qui cause une » perte considérable à ladite Paroisse & à tout le voisiné, » tant sur leurs bestiaux que sur les fourrages & labours : ce » qui n'arriveroit point si certains particuliers ne se donnoient » point la liberté de faire dans les douves & creux, des » chaussées pour y prendre de mauvaises anguilles qui s'y » nourrissent ».

D'après cet exposé, les habitans de Courtilx demandent que, pour obvier à une longueur & à une multitude infinie de procès, il soit ordonné, 1°. que tous les propriétaires de la Paroisse contribueront, chacun de leur part, à proportion de leur bien, à faire curer & vuider les creux & douves communes du milieu du marais, & y refaire les digues & levées nécessaires, à l'effet de quoi ils fourniront des ouvriers pour travailler aux jours & aux heures auxquels ils seront appellés par le Prévôt de la Seigneurie en la maniere accoutumée, à peine d'amende, suivant qu'ils y sont obligés par leurs aveux & déclarations. 2°. Que les bordiers qui ont des terres situées sur le même marais, tant dans les Paroisses de Servon & Huisnes, que dans celle de Courtilx, seront tenus de curer incessamment, chacun en droit soi. 3°. Que les propriétaires des terreins situés entre le marais

& la mer, ſoient obligés de donner le libre paſſage à l'eau par ſon cours ordinaire, en curant à l'endroit de leurs héritages, & d'y faire un bieu de largeur au moins de ſix pieds, & de profondeur à proportion. 4°. Qu'il ſoit fait défenſes, ſous peine de 500 liv. d'amende, à tous particuliers, de faire à l'avenir dans les douves ou canaux du marais, ou dans les creux voiſins, aucune chauſſée pour y prendre des anguilles, ou d'y mettre des chanvres à rouir, ou de les boucher en quelque maniere que ce puiſſe être, attendu que ces ſortes d'entrepriſes avoient le plus contribué à combler les douves & canaux. 5°. Enfin qu'il ſoit ordonné que tous les bordiers des chemins qui conduiſent au marais les tiendront en état, de maniere qu'ils ſoient praticables, ou ſouffriront l'ouverture de leurs pieces de terre ſituées ſur le bord du même marais.

Premiere Ordonnance de M. l'Intendant de Caen, du 10 Mai 1741.

Sur cette requête, ſignée de la plus grande & de la plus ſaine partie des habitans ou propriétaires de terres en la paroiſſe de Courtilx, il fut rendu le 10 Mai 1741 une Ordonnance conforme aux concluſions. Mais il arriva ce qui arrive toujours dans les opérations dont l'exécution dépend de ceux-là même qui ſont obligés d'en ſupporter les frais. Les ouvrages ordonnés par le ſieur Intendant ne furent point faits, ou ils le furent ſi mal qu'il n'en réſulta aucun avantage. On peut ajouter que quand bien même les ouvrages auroient été fidélement exécutés, ils étoient incapables par eux-mêmes de remédier au mal, en ſorte que les mêmes inconvéniens ont toujours ſubſiſté.

Autre Requête des habitans de Servon à M. l'Intendant de Caen en 1759.

Dix-huit ans après, c'eſt-à-dire, en l'année 1759, les habitans de la paroiſſe de Servon, qui ſouffroient beaucoup de l'inondation du marais de Courtilx, furent obligés de recourir de nouveau au ſieur Intendant de Caën. Ils expoſerent que l'épanchement des eaux ſur la ſurface du marais de Courtilx étoit ſi conſidérable que non-ſeulement il en ôtoit tout l'uſage, mais même *que les eaux, en remontant vers leur ſource, ſubmergeoient deux à trois mille vergées de terre, tant en prés, qu'en herbages & en terres labourables, dans les paroiſſes de Servon, Huiſnes & Courtilx*; ce qui mettoit les habitans hors d'état de payer les impôts & de nourrir les beſtiaux qu'ils étoient obligés d'employer pour les charrois & voitures des troupes. Ils rendirent compte des cauſes des inondations à-peu-près dans les mêmes termes que les habitans de Courtilx dans leur requête de 1741, & ils prirent les mêmes conclusions. La requête étoit auſſi ſignée de la majeure & de la plus ſaine partie des habitans de Servon ; & le ſieur de Fontette, actuellement Intendant à Caën, rendit le 14 Septembre 1759, une Ordonnance qui renouvelle celle du ſieur de la Briffe ſon prédéceſſeur, & ajoute même de nouvelles précautions pour en aſſurer l'exécution. Elle n'a pas eu plus d'effet, parce que les habitans de Courtilx & d'Huiſnes ont refuſé de s'y prêter.

Deuxieme Ordonnance de M. l'Intendant de Caen, du 14 Sept. 1759.

Dans ces circonſtances, les habitans de Servon ſont retournés par-devant le ſieur Intendant de Caën, & le 20 Août 1760, ils ont obtenu une nouvelle Ordonnance portant que celle du 14 Septembre précédent ſeroit exécutée ſelon ſa forme & teneur, tant pour l'année 1760, que pour les ſuivantes, juſqu'à ce que le traité fût achevé ; & faute par les habitans de Courtilx & Huiſnes d'y ſatisfaire, chacun pour ce qui les concerne, la même Ordonnance autoriſe les habitans de Servon à y faire mettre des ouvriers à leurs frais, leſquels ouvriers ſeroient payés à raiſon de douze ſols par jour dont il leur ſeroit délivré exécutoire.

3e Ordonnance de M. l'Intendant de Caen, du 20 Août 1760.

TOUTES CES CHOSES ſe ſont paſſées dans un tems où le Suppliant n'étoit ni Subdélégué du ſieur Intendant de Caën, ni propriétaire de la ferme de la *Breteſche*, ſituée en la paroiſſe de Servon, & au moyen de laquelle il eſt devenu partie intéreſſée au deſſéchement du marais. Malgré toutes les Ordonnances dont on vient de rendre compte ; malgré toutes les pourſuites faites pour en procurer l'exécution, les douves n'ont été curées qu'imparfaitement, pluſieurs des bordiers ont trouvé le moyen de ſe diſpenſer d'y travailler, les propriétaires des terres ſituées entre le marais & le pont de l'Anguille pratiqué anciennement pour faire écouler les eaux, n'ont ni approfondi, ni élargi leurs bieux qui ſe ſont comblés de plus en plus, soit par le limon qui s'y est déposé, soit par l'éboulement des deux bords des douves que les eaux ont creusés & minés en dessous, en sorte que le marais de Courtilx est aujourd'hui dans un état déplorable & pire qu'en 1741 & 1760.

Le Suppliant ayant acquis la ferme de la Bretesche, les habitans de Courtilx & de Servon qui sentent leurs maux, les lui exposerent en 1764, & le presserent de chercher les moyens de les en délivrer, persuadés sans doute que la place de Subdélégué que le sieur Intendant lui avoit confiée depuis peu, le mettroit à portée de faire réussir une entreprise déja tentée inutilement jusqu'à trois fois, & dont cependant l'exécution devenoit de plus en plus pressante.

Le Suppliant avoue (Eh! pourquoi chercheroit-il à le dissimuler?) qu'il fut d'autant plus porté à leur procurer les moyens de faire cesser l'inondation du marais, qu'au moyen de sa nouvelle acquisition de la ferme de la Bretesche, il y étoit lui-même devenu intéressé, parce que plus de 80 vergées de prairies & herbages dépendans de cette ferme, sont inondés & perdus par le reflux des eaux.

Mais comme le Suppliant avoit reconnu, tant par l'expérience du passé, que par l'examen des lieux, que le dessèchement ne seroit jamais durable, tant qu'on se borneroit aux moyens indiqués par les précédentes Requêtes, il leur représenta qu'il étoit important d'aller jusqu'à la source du mal, & que pour y remédier efficacement, il étoit indispensable d'obtenir un Arrêt du Conseil qui ordonnât le dessèchement d'une maniere solide, & que les ouvrages nécessaires fussent arbitrés par des personnes intelligentes & au fait de ces sortes de travaux. Il ne dissimulera point non plus qu'il leur fit envisager avec raison qu'en offrant de dessécher eux-mêmes le marais dont il s'agit, c'étoit le meilleur moyen d'écarter la prétention du sieur Marquis de Roquépine & de ses associés qui vouloient s'emparer de ce marais à la faveur d'une concession qu'ils sollicitoient au Conseil & qu'ils ont effectivement obtenue depuis, mais dans laquelle le marais de Courtilx n'a point été compris. Ce conseil étoit sage, il n'avoit évidemment d'autre objet que le bien des habitans.

Ce fut d'après ces réflexions qui furent goûtées par les habitans de Courtilx & Servon, que le Suppliant rédigea une quatrieme Requête tendante au desséchement. L'exposé & les conclusions en sont les mêmes qu'en 1741, 1759 & 1760, avec cette seule différence qu'on y demandoit « que les douves & bieux fussent creusés, élargis & approfondis suffisamment pour contenir les eaux & pour empêcher qu'elles ne se répandissent sur le terrein, & qu'il fût fait une douve d'une largeur & d'une profondeur convenables depuis le bout du *Grand-Dent*, jusqu'au pont de l'Anguille. On y demandoit en outre que le pont de l'Anguille qui est trop étroit, fût élargi, ou qu'il y fût fait une seconde arche » ; & attendu que ce pont qui sert de passage d'Avranches à Pontorson & au mont Saint Michel, est trop étroit pour les voitures, que les ouvrages qu'il faudroit y faire fussent pour le compte de VOTRE MAJESTÉ, ou au moins que les tâches auxquelles les habitans sont sujets pour les corvées des grands chemins y fussent employées jusqu'à concurrence de la somme à laquelle monteroient les frais de ces ouvrages. Le Suppliant signa cette Requête, ainsi que quatre habitans de Courtilx auxquels il la remit pour la faire signer aux autres comme ils le jugeroient à propos. Elle a été signée par les habitans de Servon au lieu ordinaire des Assemblées, après une annonce faite au prône.

4e Requête des habitans de Courtilx & Servon.

Le Suppliant n'a pas eu d'autre part à cette requête, & certainement on ne peut rien trouver de répréhensible dans ses démarches. Il est lui-même possédant fonds dans la paroisse de Servon; il est personnellement intéressé au desséchement, il doit en supporter une portion de la dépense. Pourquoi ne lui auroit-il pas été permis de concourir avec les autres intéressés, au succès d'une opération dont la nécessité est reconnue depuis si long-tems, & qui jusqu'alors avoit toujours été tentée sans succès?

On a eu soin d'observer pour les habitans de Courtilx & Huisnes que, *depuis que la province de Normandie est exposée aux attaques des entrepreneurs de défrichemens, ils ont eu la douleur de voir leurs marais exciter l'envie du ſieur de Roquépine & de ſes aſſociés*, On ajoute que la tentative du ſieur de Roquépine *a donné lieu aux habitans de produire leurs titres devant le ſieur Meslé Subdélégué du ſieur Commiſſaire départi à Avranches, & même de lui en laiſſer des copies collationnées*; & que dans le tems qu'ils ſe flattoient qu'on les laiſſeroit tranquilles dans la poſſeſſion de leurs marais, *ils ont vu s'élever un nouvel adverſaire dont le projet funeſte à leur propriété, a été conduit avec beaucoup plus d'art.....* que le Suppliant a cru trouver une occaſion favorable *pour augmenter le domaine & les revenus d'une roture nommée la Breteſche qui joint immédiatement le marais de Courtilx, &c.*

Ne diroit-on pas à entendre ces propos, que le Suppliant s'eſt ſervi des titres des habitans de Courtilx & Huiſnes pour demander au Conſeil, à l'exemple des entrepreneurs de défrichemens, la conceſſion du marais en queſtion, & pour en dépouiller les habitans? On voit que le Suppliant a fait préciſément le contraire, puiſque, de concert avec les autres copropriétaires & intéreſſés, il a demandé au Conſeil des ouvrages qui tendent à la conſervation du marais pour l'uſage commun de tous les habitans qui ont droit d'y envoyer leurs beſtiaux. Quelle eſt donc la méchanceté de ceux qui font parler ainſi les habitans de Courtilx & d'Huiſnes contre la vérité ou plutôt contre l'évidence même?

Ce n'eſt point ici le lieu d'examiner s'il eſt utile de deſſécher ou de défricher les terres qui ſont en nature de landes ou de marais appartenant aux Communautés des paroiſſes. Il eſt évident que le bien public & l'avantage même des habitans, demanderoient qu'on donnât à ces ſortes de terreins toute la valeur dont ils ſont ſuſceptibles, plutôt que de les laiſſer dans un état qui les rend preſque inutiles, & ſouvent même nuiſibles aux uſagers, par les mauvaiſes exhalaiſons qui ſortent d'un terrein où les eaux croupiſſent. Mais le Suppliant a toujours été fortement oppoſé au ſyſtême de ceux qui en concluent qu'il faut priver les habitans des communes qui leur appartiennent légitimement. Il tient pour maxime que

tout

tout ce qu'on peut faire, c'est d'engager les habitans, & peut-être même de les forcer à faire les travaux nécessaires pour mettre leurs communes en valeur.

Le Suppliant a donné une preuve authentique de ses sentimens sur les défrichemens, dans l'avis qu'il a adressé au sieur Intendant de Caën, en qualité de son Subdélégué, sur les procès verbaux faits pardevant lui, entre le sieur Marquis de Roquépine & les habitans de l'Election d'Avranches. Dans cet avis, il a fortement insisté sur la nécessité de conserver les droits des habitans des paroisses; il a combattu les principes contraires hasardés par le sieur Marquis de Roquépine, & il a défendu de tout son pouvoir & avec succès, les droits des habitans de Courtilx eux-mêmes sur le marais dont il s'agit aujourd'hui. Après avoir fait un usage aussi légitime des titres que ces habitans lui ont représentés, devoit-il s'attendre qu'on seroit assez injuste pour l'accuser d'avoir abusé de ces mêmes titres, tandis qu'il s'en est servi si avantageusement pour écarter l'entreprise du Marquis de Roquépine sur le marais de Courtilx qu'il vouloit faire envelopper dans sa concession?

On allegue encore que pour déterminer les habitans à signer la requête, le Suppliant leur a promis *de les faire distraire de l'imposition qu'ils supportent annuellement pour leur contribution aux corvées du chemin neuf d'Avranches à Granville, au moyen de quoi ils auroient l'avantage de s'affranchir de cette contribution par des travaux qu'ils seroient les maîtres de faire, lorsque ceux qu'exige la culture des terres seroient finis.*

Pure supposition. Le Suppliant n'a rien promis aux habitans; ils se sont présentés d'eux-mêmes, leur intérêt seul les a guidés dans les démarches qu'ils ont faites en 1764, comme il les avoit déterminés en 1741, en 1759 & en 1760. Bien plus: les termes dans lesquels on annonce les prétendues promesses du Suppliant, en démontrent par eux-mêmes la fausseté. Le marais de Courtilx est rempli d'eau depuis le milieu de l'automne, jusqu'à la fin du printems. On ne peut donc y travailler sur-tout dans les douves, au plutôt que dans le mois de Juin, & au plus tard jusqu'au mois de Novembre. Ce tems eſt préciſément la ſaiſon des travaux de la campagne. Par conſéquent les promeſſes qu'on attribue au Suppliant auroient été ridicules, & les habitans s'en ſeroient mocqués avec raiſon. Auſſi eſt-il bien certain qu'elles n'ont jamais été faites.

QUOIQUE la requête des Habitans de Courtilx & Servon eût été préſentée en 1764, cependant il n'y fut ſtatué que deux ans après, par Arrêt du 4 Novembre 1766; & à cette occaſion, on fait dire aux Habitans qu'ils ignorent *pourquoi le ſieur Meslé nanti*, diſent-ils, *de cette requête, l'a gardée pendant deux ans ſans en faire uſage*. Il faut être bien méchant, ou en tout cas bien peu inſtruit, pour ſuppoſer que dans une affaire de cette nature, il doit y avoir un Arrêt auſſitôt que la requête eſt préſentée, & qu'il dépendoit du Suppliant d'y faire ſtatuer quand il le jugeroit à propos. Une obſervation de cette nature ne ſuffiroit-elle pas pour dévoiler l'eſprit de cabale qui anime ceux qui s'enveloppent ici du nom des Habitans de Courtilx & Huiſnes?

Arrêt du Conſeil, du 4 Novembre *1766*.

Par cet Arrêt, rendu ſur l'avis du ſieur Intendant de Caën, VOTRE MAJESTÉ ordonna que ſur les plans & devis qui ſeroient dreſſés par tel des Ingénieurs des Ponts & Chauſſées qui ſeroit choiſi per le ſieur Intendant, il ſeroit procédé à l'adjudication au rabais des travaux & ouvrages néceſſaires pour le deſſéchement du marais de Courtilx; que le montant de l'adjudication ſeroit impoſé & levé ſur les propriétaires, poſſeſſeurs & uſagers des prairies, herbages & marais communs des paroiſſes ſujettes aux inondations, au pied la perche, ſuivant les rolles qui en ſeroient arrêtés par le ſieur Intendant.

« Et pour faciliter (porte cet Arrêt,) aux propriétaires » & habitans des paroiſſes de Courtilx, Servon & Huiſnes, » leur contribution à la dépenſe deſdits ouvrages à propor- » tion de l'étendue de leurs marais communs, S. M. ordonne » qu'il ſera procédé pardevant ledit ſieur Intendant & Com- » miſſaire départi à l'adjudication à perpétuité d'une partie » deſdits marais communs, juſqu'à concurrence des ſommes

» qui devront être fournies par lesdites paroisses pour leur » contribution, en observant dans lesdites aliénations, de » conserver auxdites communautés la quantité de marais & » prairies nécessaires pour leur usage & la nourriture de leurs » bestiaux. Ordonne S. M. que ceux qui se rendront adjudi- » cataires desdites portions de marais en jouiront pleinement » & paisiblement, & demeureront exempts de toutes taxes » auxquelles ils pourroient être sujets pour raison desdites » aliénations, ou engagemens, & notamment de celles con- » cernant les usages des communautés laïques, dont S. M. » les a dès à présent déchargés, dérogeant pour ce regard » seulement, à tous Edits, Déclarations & Arrêts contrai- » res, attendu que lesdits acquereurs seront tenus de payer » à perpétuité au Domaine de S. M. une redevance annuelle » d'un sol par vergée du terrein qu'ils auront acquis des- » dites paroisses ».

Enfin le même Arrêt fait défenses à toutes personnes de faire à l'avenir aucuns ouvrages qui puissent nuire au dessé-chement du marais à peine de cinquante livres d'amende; & pour statuer sur les différends & contestations qui pourroient survenir en exécution dudit Arrêt, VOTRE MAJESTÉ attri-bue au sieur Intendant de Caën toutes Cour, Jurisdiction & connoissance qu'elle interdit à toutes ses Cours & autres Ju-ges; enjoignant S. M. au sieur Intendant de tenir la main à l'exécution dudit Arrêt, & de faire à ce sujet tous les éta-blissemens qu'il jugera convenables pour l'intérêt des com-munautés, de la même maniere qu'il en a été usé pour les canaux & rivieres depuis Isigny jusqu'à Trevieres, Election de Bayeux, & pour les douves & canaux des paroisses de S. Jean-le-Thomas, Dragey & Geney, Election d'Avranches.

On voit que par cet Arrêt, VOTRE MAJESTÉ ne s'est pas bor-née à suivre les conclusions prises dans la requête des Habi-tans de Courtilx & Servon; & c'est une circonstance bien singuliere, & qui semble réservée pour le Subdélégué d'A-vranche seul, qu'il soit forcé de justifier la sagesse & la néces-sité des dispositions d'un Arrêt du Conseil, que les Habitans de Courtilx & Huisnes, ont la témérité de lui attribuer. Par le résultat des plans & nivellemens des Ingénieurs, la pente se trouve foible, & il ne falloit rien moins que toute l'intelligence de l'art pour la ménager. Si l'on eût abandonné ces travaux à des Communautés sans connoissances, elles auroient fait beaucoup d'ouvrage, employé beaucoup de tems, & elles n'auroient rien opéré d'utile, ou plutôt elles n'auroient rien fait. Il est aisé de juger de l'effet qu'auroit produit l'Arrêt, par l'inaction dans laquelle elles sont restées malgré les ordonnances rendues par les sieurs Intendans de Caen en 1741 & 1759, & par la conduite qu'elles tiennent encore aujourd'hui.

Est-il vrai que M. Meslé ait fait dire aux habitans de délibérer, s'ils se détermineroient à aliéner tout le marais, ou seulement une partie?

On observe avec malignité pour les Habitans de Courtilx & Huisnes, « que cet Arrêt ne leur a été connu que par l'affiche qui en a été faite aux portes de leur Eglise, le Dimanche 23 Août 1767; mais que dès le neuf du même mois, » c'est-à-dire, 15 jours avant cette affiche, le Suppliant avoit » fait mettre à la porte de leur Eglise, un placard, qui leur » annonçoit que l'adjudication des travaux prétendus à faire » dans leurs marais, devoit se passer devant le sieur Commissaire départi le 14 du même mois. Que le jour même de » l'affiche de l'Arrêt, le Syndic de Courtilx & celui d'Huisnes, communiquerent à chaque paroisse un bulletin signé » du Suppliant & daté d'Avranches, trois jours auparavant, » par lequel, en leur annonçant l'Arrêt du Conseil & l'adjudication faite des travaux en question, il leur apprenoit que » la contribution de la paroisse de Courtilx montoit à 10831 » liv. 10 s. 10 d. & celle de la paroisse d'Huisnes, à 704 liv. » 16 s. qu'il ordonnoit en conséquence, que chaque Syndic » fît délibérer sa paroisse *pour savoir si, conformément aux dispositions de l'Arrêt du Conseil, elle se détermineroit à aliéner* » *tout le marais, ou seulement une partie* ».

Il y a une méchanceté noire, dans tous ces propos. Le Suppliant ne se rappelle point le contenu au bulletin qu'il envoya aux Habitans en 1767; mais il ne peut croire que le bulletin leur prescrive de délibérer *s'ils se détermineroient à aliéner tout le marais, ou seulement une partie.* Il ne pouvoit pas être question de l'aliénation de la totalité du marais, puisqu'au contraire l'Arrêt dont le Suppliant avoit fait faire l'affiche aux portes de l'Eglise des lieux, portoit expressément qu'on conserveroit aux communautés *la quantité de marais & prairies, nécessaire pour leur usage & la nourriture de leurs bestiaux.* Le Suppliant a donc lieu de soupçonner les Habitans d'infidélité dans leur récit, d'autant plus qu'ils ne rapportent pas le bulletin. En tout cas, ç'auroit été une erreur qui n'auroit pu tirer à conséquence, puisqu'elle auroit été rectifiée par l'Arrêt même dont l'affiche avoit été faite.

A l'égard du tems des affiches, le Suppliant les a fait faire aussi-tôt que les placards nécessaires lui sont parvenus. Il ne faut jamais perdre de vue, que ce n'est point lui qui a fait l'adjudication, ni les autres procédures nécessaires pour y parvenir. Il a plu à VOTRE MAJESTÉ de confier au sieur Intendant de Caen l'exécution de l'Arrêt du Conseil, du 4 Novembre 1766. C'est ce Magistrat qui a fait lever les plans, dresser un devis estimatif des ouvrages & procéder à l'adjudication. Toutes ces opérations ne sont point du ressort du Subélégué ; le Suppliant se feroit même fait une délicatesse de s'en charger, attendu qu'il étoit partie intéressée, puisqu'il étoit l'un de ceux qui avoient signé la requête. Les placards ont été dressés & imprimés à Caen ; le Suppliant n'a eu d'autre fonction que de faire parvenir aux Habitans, les ordres qui lui étoient adressés. Il a fait à cet égard toute la diligence qui étoit en son pouvoir : de quel droit voudroit on le rendre responsable d'une opération qui lui est étrangere ?

Il est vrai que l'intervalle entre les affiches & l'adjudication a été court. Mais outre qu'il étoit suffisant pour faire trouver à Caen des enchérisseurs, en cas que les Habitans en eussent eu effectivement le dessein, il est d'ailleurs certain, & les Habitans en conviendroient s'ils étoient de bonne foi, que quand bien même les affiches auroient été mises plutôt, aucun des paroissiens, ni aucun entrepreneur de leur part, ne se seroit présenté à l'adjudication, parce que dans le pays, il n'y a point d'ouvriers assez intelligens, pour exécuter des travaux de cette nature. Enfin, si les Habitans prétendoient que l'adjudication n'eût pas été faite avec toutes les précautions nécessaires, ils avoient la voie de se pourvoir devant le sieur Intendant, pour demander qu'il en fût fait une nouvelle, & qu'il y eût un intervalle plus long entre l'adjudication & les affiches.

Au surplus, les Habitans n'osent pas entrer en preuves sur le prétendu excès du prix de l'adjudication. Il y a dans la Généralité de Caen, comme dans les autres Généralités du Royaume, des Ingénieurs préposés par VOTRE MAJESTÉ, pour la direction de tous les ouvrages publics qu'elle juge à propos d'ordonner. Ce sont eux qui levent les plans & font les devis estimatifs au vrai des ouvrages, & ils y ajoutent les deux sols pour livre, ou le dixieme, qui fait l'objet du bénéfice de l'entrepreneur. C'est sur un devis de cette espece que l'adjudication des travaux du desséchement a été passée ; & la confiance accordée par le Gouvernement, aux Ingénieurs chargés de l'estimation des ouvrages, ne permet pas de douter qu'elle ne soit exacte. Cependant prétendra-t-on encore que l'estimation fût forcée ? Les Habitans pouvoient se plaindre, rien ne les en a empêchés ; mais vouloir en rendre le Suppliant responsable, prétendre qu'il n'a fait monter l'adjudication si haut, que pour se ménager les moyens de s'emparer lui-même du marais, c'est une calomnie grossiere ; c'est une injustice criante & qui, dans les circonstances, mériteroit une sévere punition.

Mais ce qui doit écarter tous soupçons, & ce qui démontre en même tems la mauvaise humeur de ceux qui font parler les Habitans, c'est que ces Habitans qu'on fait crier si haut contre l'adjudication, n'ont point osé jusqu'à présent offrir de faire les ouvrages à plus bas prix ; c'est qu'ils n'ont pas profité de la liberté qu'ils avoient & qu'ils ont encore, de demander, ou qu'il soit fait une nouvelle adjudication, ou d'être substitués au lieu & place de l'adjudicataire. Leur requête auroit été sûrement favorablement reçue. Ils ne l'ont pas fait ; pourquoi ? Parce qu'au fond ils ne se plaignent point de l'estimation faite par les Ingénieurs, ni du montant de l'adjudication. Ils ne trouvent ni l'une, ni l'autre, trop forte, eu égard aux ouvrages à faire. L'unique but de ceux qui les font parler est de profiter de la circonstance, pour se répandre en invectives & en calomnies contre le Suppliant.

D'APRÈS ce systême, ils ne voient qu'intrigues, manœuvres & esprit d'invasion dans les démarches les plus simples. Le Suppliant, instruit des clameurs d'Habitans toujours faciles à séduire, & des sourdes pratiques qu'on employoit pour les animer personnellement contre lui, avoit cru les faire cesser par une proposition bien capable de les satisfaire, si des esprits prévenus pouvoient écouter la raison. Le marais de Courtilx est de continence d'environ quatre cens quarante cinq vergées. Le Suppliant leur proposa de lui en céder cent quatre-vingt deux, c'est-à-dire, environ les deux cinquiemes; au moyen de quoi, il offroit de se charger des frais du desséchement estimés pour cette partie, à 10831 livres; & dans le cas où cette proposition ne leur conviendroit pas, il se fit fort d'engager le sieur Intendant de Caen à leur remettre l'adjudication, s'ils vouloient faire par eux-mêmes les ouvrages du desséchement conformément au devis.

L'auroit-on jamais pu croire? une proposition aussi honnête n'a servi qu'à donner aux ennemis de la paix & du bien public, un prétexte de plus pour calomnier le Suppliant. Mettant à l'écart l'alternative que le Suppliant avoit proposée aux Habitans de se charger eux-mêmes de l'adjudication, ils n'ont laissé voir aux Communautés, que l'offre d'une somme de 10331 liv. & partant de-là, ils sont parvenus à leur persuader, contre l'évidence même du fait, que le but du Suppliant étoit de profiter du desséchement, pour s'emparer, non pas seulement d'une partie, mais plutôt de la totalité de leur marais.

Mais quoi! est-ce donc par esprit de cupidité & d'usurpation, que le Suppliant s'est porté à faire cette offre? Pour en juger sainement, il ne faut qu'être instruit du prix pour lequel le Suppliant a acquis la ferme de *la Bretesche* elle-même, qui le rend l'un des riverains du marais. Cette ferme est bien bâtie; on y trouve une grande & belle maison de maître, maison de fermier, grande cour entourée de bâtimens & de murs avec une fuye au milieu. Elle est composée de bonnes terres, qui contiennent en totalité au moins cent quatre-vingt vergées. Cependant cette ferme ne lui a couté que 12500 liv. Comment donc ose-t-on présenter comme un ravisseur, celui qui offre de faire une dépense de 10831 liv. pour une portion de marais coupée d'anciens bieux, remplie d'inégalités, altérée de longue main, par le croupissement des eaux, couverte de jones, d'argentine & autres plantes aquatiques, qui ne sont pas même propres à faire des engrais? N'est-il pas évident au contraire que celui qui a fait une offre semblable, n'a pu avoir d'autre objet que de venir au secours des Habitans, sur l'espérance très-incertaine de recouvrer la somme offerte après beaucoup d'années & beaucoup de dépenses & de travaux?

Ces réflexions si naturelles auroient dû contenir les Habitans de Courtilx & Huisnes. Mais malheureusement le desséchement du marais de Courtilx se rencontroit dans les circonstances d'autres opérations relatives au bien public de l'Election d'Avranches. Le Suppliant n'avoit pu éviter de se trouver, par rapport à ces opérations, en contradiction avec certaines personnes accréditées dans le pays, qui en ont conservé contre lui le plus vif ressentiment. On a donc soulevé contre lui les Habitans de Courtilx, & l'on est parvenu d'abord à leur faire prendre le 6 Septembre 1767, une délibération pardevant Notaires, dans laquelle on fait au Suppliant les imputations les plus injurieuses, & en même tems les plus fausses.

Délibération des habitans de Courtilx, du 6 Septemb. 1767.

Pour connoître l'esprit qui a présidé à cette délibération, il ne faut que réfléchir sur le parti qu'on a fait prendre aux Habitans de Courtilx. Si ces Habitans eussent cru avoir des moyens légitimes de réclamer contre l'Arrêt du Conseil du 4 Novembre 1766, c'étoit au Conseil qu'ils auroient dû se pourvoir; ils auroient dû d'autant moins penser à saisir les Juges ordinaires d'une pareille affaire, que l'Arrêt du Conseil qu'ils disent eux-mêmes leur avoit été *connu par l'affiche faite à la porte de leur église, le Dimanche 23 Août précédent*, fait défenses

défenses aux Parties de se pourvoir ailleurs que pardevant le sieur Intendant, & à toutes Cours & Juges d'en connoître, à peine de nullité, cassation de procédures, 500 liv. d'amende, & de tous dépens, dommages & intérêts : cependant les Habitans de Courtilx ont osé arrêter, par cette délibération, de se pourvoir au Parlement de Rouen, pour se faire maintenir, disent-ils, en la propriété, possession & jouissance de leurs marais communs, avec défense à qui que ce soit de les y troubler, soit en vertu de concession, ou autrement, *& de mettre ledit Arrêt du Conseil du 4 Novembre 1766, au fait du desséchement ordonné par icelui, à exécution.* Ce sont les propres termes de la délibération ; & pour marquer plus fortement que c'étoit au Suppliant, qu'on vouloit faire une insulte, la même délibération porte, qu'on demandera qu'il soit permis de faire signifier l'Arrêt qui interviendra, tant à son domicile, que là où il sera jugé nécessaire, & de le faire imprimer, tant à Avranches qu'à Courtilx & autres paroisses voisines.

Délibération des Habitans d'Huisnes, du 13 Septembre 1767.

Le 13 du même mois de Septembre 1767, les Habitans d'Huisnes ont pris de leur côté, une délibération dans laquelle le Suppliant n'est pas plus ménagé que dans la précédente, & dont l'arrêté est exactement le même que celui des Habitans de Courtilx : preuve certaine que les deux délibérations sont l'ouvrage du même auteur.

Au moyen de ces deux délibérations, les Habitans de Courtilx & Huisnes se trouvant engagés de maniere à ne pouvoir plus reculer, on a cru avoir une libre carriere pour consommer le projet de diffamation complotté contre le Suppliant.

On a donc présenté au Parlement de Rouen, en vacations, sous le nom des Habitans de Courtilx & Huisnes, une requête qu'on peut regarder comme un vrai libelle diffamatoire. On s'y est attaché presqu'uniquement à peindre le Suppliant des plus noires couleurs. Mais ce qui est sur-tout remarquable, & ce qui caractérise évidemment l'esprit de révolte & l'attentat à l'autorité du Conseil, c'est l'attention qu'on a eue de rappeller dans cette requête la disposition de l'Arrêt du 4 Novembre 1766, par laquelle VOTRE MAJESTÉ a attribué au sieur Intendant de Caën la connoissance de cette affaire, avec défenses à ses Cours & à tous autres Juges, d'en connoître. *On ne doit pas ometttre* (porte cette requête) *que par une des dernieres dispositions, nous avons pour l'exécution de notredit Arrêt* (du Conseil) *attribué toute connoissance audit sieur Commissaire départi, & fait défense aux Parties de se pourvoir ailleurs, & à toutes Cours & Juges d'en connoître.* Ainsi c'est en pleine connoissance de cause que les Habitans de Courtilx & Huisnes violent les défenses portées par l'Arrêt du Conseil du 4 Novembre 1766, & ils se font de ces défenses mêmes, & de l'attribution exclusive faite au sieur Intendant, un moyen pour porter l'affaire au Parlement. Fut-il jamais exemple d'une révolte aussi caractérisée contre l'autorité du Conseil ?

Les conclusions de cette requête répondent parfaitement à l'exposé, elles respirent de plus en plus l'esprit de cabale qui les a dirigées. On fait demander aux Habitans de Courtilx & Huisnes qu'il plaise à la Chambre des Vacations les maintenir dans la propriété, possession & jouissance de leurs marais; *faire défenses au sieur Meslé & à tous autres, de mettre à exécution l'Arrêt du Conseil du 4 Novembre 1766, & d'entreprendre aucuns travaux publics dans les marais & communes en question, sous prétexte de desséchement, ou autrement, sinon en vertu de Lettres-Patentes duement enregistrées;* à l'effet de quoi, leur permettre *de faire signifier l'Arrêt qui interviendra au domicile du sieur Meslé, & de le faire imprimer & afficher, tant à Avranches qu'à Courtilx & autres Paroisses circonvoisines, à ce que personne n'en puisse prétendre cause d'ignorance.*

Arrêt du Parlement de Rouen, en vacation, du 19 Octobre 1767.

Sur cette requête, la Chambre des Vacations, par Arrêt du 19 Octobre 1767, a renvoyé les Habitans à se pourvoir au principal, à la Saint Martin, & cependant, par provision, fait défenses à toutes personnes de les troubler dans la jouissance de leurs marais & communes, & de faire, ou continuer aucuns travaux; permet de faire signifier, imprimer & afficher le même Arrêt.

Cette permission d'imprimer & afficher avoit été le principal objet de ceux qui empruntoient le nom des habitans de

Courtilx & Huisnes. Ils en ont donc profité avec empressement pour donner toute la publicité possible à leurs déclamations, & aux insultes qu'ils ont osé faire au Suppliant dans leur requête insérée au même Arrêt & qui en fait partie.

Si le Suppliant eût pu avec bienséance suivre la route qui lui étoit tracée par les Habitans, s'il n'eût pas craint de tomber lui-même dans la désobéissance à l'Arrêt du 4 Novembre 1766, qui fait défenses à toutes parties de se pourvoir ailleurs que par devant le sieur Intendant, & à toutes Cours & Juges d'en connoître, il se seroit pourvû lui-même au Parlement de Rouen, & il présume trop de la sagesse & de l'équité de cette Cour pour ne pas croire qu'elle lui auroit rendu la justice qui lui est due. Mais il ne pouvoit ni ne devoit se pourvoir ailleurs qu'au Conseil, & c'est en effet le parti qu'il a pris, ainsi qu'on le verra bientôt; mais il faut auparavant rendre compte des autres traverses qu'on a cherché à lui susciter.

En meme tems que les Habitans de Courtilx & Huisnes s'adressoient au Parlement de Rouen pour solliciter l'Arrêt qui leur a permis de rendre publiques leurs déclamations contre le Suppliant, ils avoient pris leurs mesures pour soulever aussi contre le projet de desséchement, le sieur Baillon Maître des Requêtes, Seigneur de Courtilx & Servon. Le moyen dont ils s'étoient servi, étoit que l'Arrêt du Conseil du 4 Novembre 1766 porte que l'adjudicataire de la portion de marais dont l'aliénation étoit ordonnée pour fournir aux frais du desséchement, seroit tenu de payer au domaine de Votre Majesté une redevance annuelle d'un sol par vergée: disposition qu'on avoit fait envisager au sieur Baillon comme une atteinte à son droit de Seigneur Tréfoncier du marais de Courtilx.

Il n'appartient point au Suppliant d'entreprendre de justifier, ou de combattre cette disposition à laquelle il n'a eu aucune part & qui lui est absolument étrangere. Il y a tout lieu de présumer qu'en imposant à l'adjudicataire une redevance d'un sol par vergée, Votre Majesté n'a point entendu s'attribuer la Seigneurie directe du marais de Courtilx, puisque l'Arrêt ne porte point que cette redevance emportera les droits de treizieme & autres droits casuels aux mutations, suivant la Coutume de Normandie. Il paroît plus naturel de penser que l'intention du Conseil a été de remplacer par cette redevance le droit de nouvel acquêt auquel les Communautés sont assujetties pour leurs marais & pâturages communs.

Quoi qu'il en soit, l'imposition d'une pareille redevance ne pouvoit pas être pour le sieur Baillon, un motif de s'opposer au desséchement, & les Habitans auroient dû sentir que sous ce point de vue, l'intérêt de ce Magistrat se bornoit à former opposition à cette disposition de l'Arrêt du 4 Novembre 1766, pour la conservation de sa directe, en supposant que ses droits soient blessés.

Mais il est arrivé que les démarches faites auprès du sieur Baillon de la part des Habitans de Courtilx & Huisnes, ont donné lieu à ce Magistrat d'étendre ses vues plus loin, & de prétendre que le marais de Courtilx lui appartient à lui-même, que les Habitans n'y ont qu'un simple droit d'usage. C'est en effet ce qu'il a soutenu par la requête qu'il a présentée de son chef au Conseil. Il a conclu, à ce qu'il plût à VOTRE MAJESTÉ, le recevoir opposant à l'Arrêt du 4 Novembre 1766, aux adjudications faites en conséquence pardevant le sieur Intendant de Caën, & ce pour les causes & moyens qu'il déduiroit en tems & lieu. Il a demandé en même tems qu'il lui fût permis de faire appeller les Habitans de Courtilx, Servon & tels autres qu'il jugeroit à propos, pour voir dire que l'Arrêt du 4 Novembre 1766 seroit regardé comme non avenu; & que cependant, comme il étoit intéressant de ne pas changer l'état actuel des lieux, il fût fait défenses à tous Ingénieurs & ouvriers de travailler dans les marais de Courtilx *& terres adjacentes*, jusqu'à ce que par VOTRE MAJESTÉ, après avoir entendu les Parties, il eût été ordonné ce qui paroîtroit juste.

Requête présentée au Conseil, par M. Baillon, Maître des Requêtes, en l'année 1767.

Sur ces conclusions, qui annoncent assez clairement le projet du sieur Baillon de reclamer pour lui-même le marais de Courtilx, & peut-être aussi le marais de Servon qui en est voisin, & qui contient plus de deux mille vergées, il a été rendu le 7 Septembre 1767, un Arrêt du Conseil portant qu'elle seroit communiquée aux Habitans de Courtilx & Servon pour y fournir des réponses dans le délai du réglement, & néanmoins qu'il seroit sursis à l'exécution de l'Arrêt du Conseil du 4 Novembre 1766, jusqu'au jugement de l'instance. Il est bon de remarquer, au sujet de cet Arrêt, qu'on n'a pas jugé à propos d'en faire usage dans le tems qu'il a été rendu. Ceux qui dirigeoient toute cette marche, ne l'ont fait signifier que près de deux ans après aux Habitans de Courtilx & Servon qui l'ont ensuite fait dénoncer au Suppliant. La raison de ce retardement est facile à sentir : on ne vouloit que suspendre les travaux du desséchement; & comme l'Arrêt de la Chambre des Vacations du 19 Novembre de la même année 1767, remplissoit cet objet, on jugea à propos de laisser à l'écart l'Arrêt du Conseil obtenu par le sieur Baillon, qui par lui-même n'étoit pas propre à tranquilliser les Habitans, en supposant qu'ils connussent leurs véritables intérêts.

Arrêt du Conseil rendu sur la Requête de M. Baillon, le 7 Septemb. 1767.

DANS L'INTERVALLE de l'Arrêt du Conseil du 4 Novembre 1766, à celui de la Chambre des Vacations du 19 Octobre 1767, le sieur *de Sainte Croix* adjudicataire des travaux du desséchement, avoit commencé ses travaux, & avoit poussé la principale douve prescrite par le devis, jusqu'à soixante-quatorze toises courantes. Forcé d'interrompre son ouvrage, & voyant que personne ne se disposoit à le payer, il se pourvut devant le sieur Intendant de Caën & demanda qu'il lui fût permis de faire assigner les habitans de Courtilx pour se voir condamner solidairement à lui payer la valeur des ouvrages par lui faits, suivant l'estimation qui en sera faite par experts convenus, ou nommés d'office, ensemble les frais de levée des plans, devis estimatif & d'adjudication. Sur cette requête, le sieur Intendant ordonna provisoirement que par le sieur Beguier, Sous-Ingenieur, ou en son absence, par le sieur Martin, Conducteur principal des Ponts & Chaus-

Requête du sieur de Sainte-Croix, Entrepreneur du desséchement du marais de Courtilx.

sées, il seroit fait un toisé exact des ouvrages faits par le sieur de Sainte Croix. L'estimation fut faite à 1126 livres 18 sols 9 deniers, & en conséquence le sieur Intendant ordonna que la requête du sieur de Sainte Croix seroit communiquée aux Habitans de Courtilx; ils furent en effet assignés aux fins de cette requête le 4 Janvier 1768.

Ordonnance de M. l'Intendant sur la Requête du Sr de Sainte-Croix.

Il semble que les Habitans ne pouvoient avoir aucun prétexte plausible de refuser de comparoître devant le sieur Intendant sur cette assignation. Il s'agissoit de travaux publics ordonnés par VOTRE MAJESTÉ; l'adjudication avoit été faite par le sieur Intendant, & elle ne pouvoit pas l'être par d'autre, puisqu'il s'agissoit d'un fait d'administration. Cependant on s'est pourvu de nouveau au Parlement de Rouen, & le 14 Avril 1768, on y a surpris un second Arrêt qui décharge les Habitans de Courtilx de l'assignation, sauf au sieur de Sainte Croix à se pourvoir par devant les Juges ordinaires.

Arrêt du Parlement de Rouen, du 14 Avril 1768.

Pour colorer cet attentat, on fait dire aux Habitans qu'ils ne se sont adressés au Parlement de Rouen *que parce qu'ils craignoient qu'en se pourvoyant au Conseil, ils ne parussent approuver l'Arrêt du 4 Novembre 1766, surpris*, disent-ils, *sous leurs noms à la religion de VOTRE MAJESTÉ*. Vaine défaite! s'ils regardoient l'Arrêt du 4 Novembre 1766, comme surpris, n'avoient-ils pas la voie d'y former opposition & de faire telles représentations qu'ils auroient jugé à propos? Ne savoient-ils pas qu'un Arrêt du Conseil ne peut être attaqué qu'au Conseil même, & que l'appel des Ordonnances des Sieurs Intendans, sur-tout en matiere d'administration, ne peut également se porter qu'au Conseil?

Mais ce n'est point au Suppliant à plaider ici la cause du sieur de Sainte Croix, qui, quoi qu'en puissent dire ceux qui font parler les habitans, n'a agi que par l'intérêt très naturel qu'il avoit, d'être payé des travaux qu'il avoit faits sur la foi de l'Arrêt du Conseil du 4 Novembre 1766, & de l'adjudication faite en conséquence. Il suffit de savoir que VOTRE MAJESTE s'étant fait rendre compte des deux Arrêts du Parlement de Rouen des 19 Octobre 1767, & 14

Avril 1768, il a été rendu le 13 Mai de la même année, un Arrêt du propre mouvement, par lequel, sans s'arrêter, aux de..x A.rêts du P.. lement de Rouen, qui seront regardés comme non avenus, VOTRE MAJESTÉ a fait défenses aux habitans de Courtilx & Huisnes, ainsi qu'à tous autres, de procéder ailleurs qu'au Conseil, pour raison du desséchement du marais de Courtilx, & pour raison des opérations faites en exécution de l'Arrêt du Conseil du 4 Novembre 1766, à peine d'amende, & de plus grandes peines, s'il y a lieu; & cependant VOTRE MAJESTÉ a ordonné qu'il seroit sursis à la continuation des travaux commencés, & à la vente & adjudication de partie du marais, jusqu'à ce qu'il en ait été autrement ordonné, s'il y avoit lieu, dans la forme ordinaire & accoutumée.

Arrêt du Conseil, du 13 Mai 1768.

Au moyen de cet Arrêt les choses se trouvant rétablies dans l'ordre naturel, le Suppliant a présenté au Conseil une Requête, par laquelle il a exposé que deux motifs très-puissans l'obligeoient de recourir à l'autorité de VOTRE MAJESTÉ. Que, d'un côté, les délibérations des Habitans de Courtilx & Huisnes étoient remplies d'imputations & de calomnies qui attaquoient sa réputation & le couvriroient de honte, si elles subsistoient dans les registres publics où elles étoient consignées. Que, d'un autre côté, de deux à trois mille vergées de terre inondées par le regorgement des eaux du marais de Courtilx, il en appartenoit au Suppliant plus de 80 vergées en prairies & herbages; que depuis le mois de Juin précédent ces prairies étoient couvertes d'eau sans discontinuation à la hauteur de 2, 3 & 4 pieds, & qu'elles le seroient pendant tout l'hiver & pendant la plus grande partie du printems; qu'il n'avoit pu faire faucher ses prairies, & que ses bestiaux n'ayant pu pâturer dans ses herbages, il avoit été forcé d'en vendre la plûpart à vil prix, & qu'il ne pourroit nourrir pendant l'hiver ce qui lui en restoit, qu'avec beaucoup de peine & à grands frais; que ses voisins avoient souffert le même dommage, avec cette différence néanmoins, que leurs possessions étant

Requête du sieur Riché au Conseil.

plus divisées, leurs pertes leur avoient été moins sensibles; que si les marais de Courtilx étoient seuls inondés, & si les Habitans de cette Paroisse y avoient seuls intérêt, on ne pourroit que gémir de l'indolence qui leur fait perdre un terrein précieux, & dont ils tireroient de grands avantages, s'il étoit desséché; mais qu'indépendamment de la perte de l'usage, qui appartient aussi aux propriétaires riverains, il y avoit de plus deux à trois mille vergées de terre appartenantes aux mêmes riverains, qui se trouvoient submergées & absolument perdues, parce qu'il ne plaisoit pas aux Habitans de Courtilx & Huisnes de se prêter à un desséchement aussi utile qu'indispensable, & auquel ils sont obligés par les titres mêmes en vertu desquels ils sont en possession de ce marais.

Par ces raisons, le Suppliant a demandé qu'il plût à SA MAJESTÉ ordonner que les délibérations prises par les Habitans de Courtilx & Huisnes les 6 & 13 Septembre 1767, seroient supprimées comme injurieuses, & comme contenant des faits faux & calomnieux; ce faisant, qu'elles seroient rayées & biffées sur les registres des Notaires qui les avoient reçues, & que mention en seroit faite en marge de l'Arrêt qui interviendroit: ordonner pareillement que faute par les Habitans de Courtilx & Huisnes d'avoir fourni leurs moyens d'opposition à l'Arrêt du Conseil du 4 Novembre 1766, cet Arrêt seroit exécuté selon sa forme & teneur, & que l'Arrêt qui interviendroit, seroit imprimé, lu, publié & affiché partout où besoin seroit, aux frais des Habitans de Courtilx & Huisnes.

On fait dire aux Habitans que les conclusions de cette Requête font connoître que c'est le Suppliant seul qui avoit provoqué l'Arrêt du 4 Novembre 1766, puisqu'il en demande l'exécution; mais c'est ici un propos de même trempe que tous les précédens. Les signatures des Habitans de Courtilx & Servon, mises au bas de la Requête sur laquelle cet Arrêt est intervenu, prouvent que le Suppliant n'est pas le seul qui ait provoqué le desséchement. Il est vrai que le Suppliant y est un des principaux intéressés, & c'est ce qu'il ne cherche point

à

à diſſimuler, parce qu'en effet il lui importe beaucoup de procurer le deſſéchement d'un marais dans lequel il eſt lui-même uſager, & de ſauver de l'inondation ſes prairies & herbages, qui ſont ſubmergés par le refluement des eaux du marais. Mais un intérêt auſſi légitime ne peut donner lieu à aucune critique raiſonnable. Et pourquoi ne ſeroit-il pas permis au Suppliant de pourſuivre l'exécution d'un deſſéchement auquel il eſt intéreſſé, & auquel il doit lui-même contribuer, comme les autres riverains?

Sur la Requête du Suppliant il a été rendu le 6 Décembre un Arrêt, portant qu'elle ſeroit communiquée aux Habitans, pour y répondre dans les délais du Réglement du Conſeil. Cet Arrêt leur a été ſignifié le 11 Janvier 1769; mais ils ſe ſont fort peu embarraſſés d'y ſatisfaire, parce que dans le même tems ils agiſſoient à Rouen pour ſurprendre de la religion du Parlement quelque nouvel Arrêt qui pût mettre de plus en plus des entraves au deſſéchement projetté. Arrêt du Conſeil, du 6 Décembre 1768.

Les Habitans triomphent du compte rendu par le ſieur Procureur Général, des circonſtances de cette affaire, & ils ſuppoſent d'abord que ce compte a été rendu, tant ſur leurs Mémoires que ſur ceux remis de la part du Suppliant; mais dans le fait il eſt faux que le Suppliant ait remis aucuns Mémoires au ſieur Procureur Général, en execution de l'arrêté du Parlement du 11 Mars 1769. Ce Magiſtrat n'a reçu ſes inſtructions que de la part des Habitans, ou de ceux qui empruntent leur nom; & la preuve en réſulte de l'expoſé même des Habitans, où ils font dire au ſieur Procureur Général qu'il a été remis à ce Magiſtrat *un Mémoire & des pieces concernant les marais & les communes des paroiſſes d'Huiſnes & Courtilx, &c.*

Dans ces circonſtances, il n'eſt point étonnant que le ſieur Procureur-Général, trompé par les mémoires infidelles des ennemis du Suppliant, ait été induit en erreur; & en effet ſi ce Magiſtrat eût été inſtruit, il n'auroit pas pu dire que ſi les Habitans euſſent eux-mêmes ſollicité l'Arrêt du 4 Novembre 1766, cet Arrêt qui auroit fait leur titre, leur auroit certainement été remis, *& ne ſeroit pas reſté près de deux ans* *ſans exécution entre les mains du ſieur Meslé*, *qui paroit* (fait-on dire au ſieur Procureur-Général) *avoir fait faire lui-même les plans & devis en queſtion*, *& même l'adjudication au rabais des travaux à faire*, *&c.*

Ce narré qu'on attribue au ſieur Procureur Général, ſuffiroit ſeul pour faire connoître juſqu'à quel point la religion de ce Magiſtrat a été ſurpriſe. En effet, loin que l'Arrêt du 4 Novembre 1766 ſoit demeuré près de deux ans ſans exécution, il a été exécuté auſſi-tôt qu'il pouvoit l'être, puiſque les plans & devis ont été faits dans les mois de Novembre de la même année, à la vue de tous les Habitans, & ſans aucune oppoſition de leur part, & que l'adjudication a été paſſée à Caen au mois d'Août 1767. D'un autre côté, c'eſt une erreur manifeſte de faire dire au ſieur Procureur Général que l'Arrêt étoit reſté *entre les mains du ſieur Meslé.* Le Suppliant n'a jamais eu cet Arrêt en ſa poſſeſſion ; & à l'égard des plans & devis, il n'y a pas plus participé que les autres propriétaires riverains, parce que cette opération regardoit uniquement les Ingénieurs que le ſieur Intendant étoit chargé de nommer & qu'il a nommés en effet, en exécution de l'Arrêt du Conſeil du 4 Novembre 1766.

Si donc, dans le compte rendu par le ſieur Procureur Général, il ſe trouve quelques imputations faites au Suppliant, elles ne peuvent avoir d'autre cauſe que l'erreur dans laquelle ce Magiſtrat a été induit par l'infidélité de la cabale. Le Suppliant oſe ſe flatter que le ſieur Procureur Général, mieux inſtruit, rendra au Suppliant la juſtice qui lui eſt due, & tournera ſon indignation contre ceux qui ont oſé abuſer, par de noires & obſcures calomnies, de ſon zele pour la conſervation des intérêts d'une Communauté de ſon reſſort.

Sur le compte rendu par le ſieur Procureur Général, le Parlement, par ſon Arrêt du 17 Avril 1769, a renvoyé les Habitans de Courtilx & Huiſnes à ſe pourvoir au Conſeil, & a autoriſé le ſieur Procureur Général à s'oppoſer de ſon chef à l'Arrêt du Conſeil du 4 Mai 1766, à demander le renvoi de l'affaire devant le Juge des lieux, & à repréſenter qu'en cas que l'aliénation d'une partie des marais & communes dont il s'agit fût trouvée néceſſaire, elle ne pourroit être faite qu'en vertu de Lettres-patentes dûment vérifiées en cette Cour.

Un pareil Arrêt prouve que le Parlement lui-même a preſcrit aux Habitans le reſpect qu'ils doivent à l'autorité du Conſeil, & qu'il a fait peu de cas de leurs déclamations.

PENDANT qu'on cherchoit ainſi à dreſſer à Rouen de nouvelles batteries contre le Suppliant, l'inondation ſubſiſtoit toujours, & il eſt clair qu'on ne cherchoit qu'à gagner du tems pour faire échouer le projet de deſſéchement, dont cependant l'exécution n'intéreſſe pas moins les Communautés elles-mêmes que le Suppliant en particulier.

L'Arrêt du 6 Décembre 1768 avoit été ſignifié aux Habitans le 11 Janvier 1769, &, ſuivant le Réglement du Conſeil, le délai pour conſtituer un Avocat tomboit au 20 Février ſuivant, en y comprenant la huitaine franche; mais on juge bien que les chefs de la cabale n'étoient pas diſpoſés à ſe mettre en regle, puiſque tous leurs efforts tendoient à compromettre le Conſeil avec le Parlement. Ils n'ont donc point conſtitué d'Avocat; & comme les délais étoient plus qu'échus au mois de Mars 1769, le Suppliant a obtenu un Arrêt par défaut le 21 du même mois de Mars, qui ordonne la radiation des délibérations, & que faute par les Habitans d'avoir fourni leurs moyens d'oppoſition à l'Arrêt du 4 Novembre 1766, cet Arrêt ſeroit exécuté ſelon ſa forme & teneur. Le même Arrêt fait très-expreſſes inhibitions & défenſes aux Parties de faire aucunes pourſuites ni procédures ailleurs qu'au Conſeil, & condamne les Habitans aux dépens, ſuivant la liquidation qui en ſera faite par le ſieur Intendant de Caen, auquel VOTRE MAJESTÉ enjoint de tenir la main à l'exécution dudit Arrêt.

Arrêt du Conſeil, du 21 Mars 1769.

On ne ſait où les Habitans ont pris que l'Arrêt par défaut obtenu par le Suppliant deux mois dix jours après la ſignification de l'Arrêt de Soit communiqué, eſt *choſe qui, depuis que le Conſeil exiſte, n'a jamais eu lieu & n'aura jamais d'exemple.* Cette exclamation n'eſt que ridicule. Suivant le Réglement du Conſeil, le délai des aſſignations eſt d'un mois pour le reſſort du Parlement de Rouen. Par conſéquent la ſignification de l'Arrêt de Soit communiqué ayant été faite le 11 Janvier 1769, le Suppliant étoit en état d'obtenir un Arrêt par défaut le 21 Février ſuivant, après la huitaine franche expirée. Il ne l'a obtenu que le 21 Mars de la même année, c'eſt-à-dire, un mois après. Qu'y a-t-il donc d'extraordinaire que dans une affaire où l'honneur du Suppliant étoit intéreſſé, il ait pourſuivi un Arrêt par défaut, après avoir attendu deux fois l'échéance du délai ordinaire? Eh! de quoi peuvent ſe plaindre les Habitans, puiſqu'il paroît par leur conduite, que leur intention n'étoit pas de ſe défendre au Conſeil, & qu'en effet ils ne ſe ſont enfin déterminés à s'y préſenter qu'en l'année 1770, par la Requête qu'ils ont fait ſignifier le 23 Février de cette même année.

Ce n'eſt qu'après la ſignification de cet Arrêt par défaut qu'on a fait ſignifier au Suppliant l'Arrêt obtenu par le ſieur Baillon le 7 Septembre 1767, dans la vue d'arrêter les travaux de l'adjudicataire du deſſéchement. On fait à ce ſujet un grand étalage des proteſtations faites en faveur de ce Magiſtrat par les Habitans de Courtilx, dans la délibération qu'on leur a fait ſigner le 4 Juin 1769; mais cet épiſode eſt parfaitement inutile. L'intention du Suppliant, ni celle des Habitans qui agiſſoient en commun & de concert lors de la Requête qu'ils ont préſentée en 1764, n'a jamais été de dépouiller le ſieur Baillon de ſa directe ſur le marais de Courtilx; ils l'ont au contraire formellement reconnue par cette Requête, puiſqu'ils y expoſent que « les Seigneurs de Courtilx ont inféodé » ce marais à leurs vaſſaux, à la charge de curer les douves & » bieux, & que tous les aveux font mention de cette ſu- » jétion ».

Pour ce qui concerne la redevance d'un ſol par vergée, impoſée par l'Arrêt du 4 Novembre 1766, le ſieur Baillon a pris à cet égard les voies qu'il a cru propres à conſerver ſes intérêts: le Suppliant eſt bien éloigné de contredire ſes droits. Il fait profeſſion, vis-à-vis de ce Magiſtrat, de tous les égards

& des refpects qu'un vaffal doit à fon Seigneur, & il ne s'en écartera jamais. Au mois de Novembre 1769, le fieur Baillon a paffé quinze jours fur fes terres ; il a vifité les travaux exécutés dans le marais de Courtilx, il les a approuvés, & a dit à fes vaffaux qu'il étoit de leur intérêt, comme du fien, que les travaux fuffent portés à leur perfection.

Toutes les Parties font d'accord fur la néceffité du deffèchement. Le Seigneur de Courtilx & Servon les juge indifpenfables. Les Habitans de Servon ont eux-mêmes donné une Requête au Confeil, pour être autorifés à faire entre eux le partage de leurs communes, quoiqu'on continue de les faire figurer dans l'Inftance. Ceux de Courtilx étoient également déterminés à fupplier VOTRE MAJESTÉ de leur permettre de procéder au partage de leurs marais, après en avoir fait le deffèchement ; cependant on leur fait répéter au Confeil des injures & des calomnies qu'ils défavoueroient, fi on leur laiffoit la liberté de s'expliquer.

Il s'agit à préfent de répondre aux moyens employés fous le nom des Habitans de Courtilx & Huifnes : mais comme ils ont cru de l'intérêt de leur caufe de faire des obfervations préliminaires fur les deffèchemens, le Suppliant ne croit pas les devoir laiffer fans réponfes.

RÉPONSES

Aux Obfervations préliminaires des Habitans de Courtilx & Huifnes.

ON FAIT DIRE d'abord aux Habitans que leurs marais *font d'une très-petite étendue, & n'ont jamais mérité l'attention du Gouvernement.*

Ces marais contiennent, ainfi qu'on l'a déja dit, environ quatre cens quarante-cinq vergées. Ils font propres à faire des prairies abondantes & des herbages excellens. Mais quand on feroit difpofé à les négliger, eft-il jufte que le reflux des eaux arrêtées dans ces marais, continue d'inonder dans les paroiſſes voiſines deux à trois mille vergées de terre? Ce ſont les Habitans de Courtilx & Servon qui l'ont dit eux mêmes dans un tems non ſuſpect, par leurs requêtes préſentées en 1741, 1759 & 1760. Cet objet ne peut manquer de paroître important au Gouvernement. Les Habitans déguiſent les faits, en avançant que tous ces terreins ne ſont couverts d'eau que pendant les mois de Janvier, Février & Mars. Ils diſoient en 1741 & 1759, que *tous ces terreins étoient perdus, qu'ils étoient privés de leurs herbes pour la nourriture de leurs beſtiaux*, &c. Des prairies & des herbages qui ne ſont inondés que pendant les mois de Janvier, Février & Mars ne ſont certainement pas perdus. Qui croira-t-on des Habitans de Courtilx en 1741 & 1749, & de ces mêmes Habitans en 1770?

C'eſt un fait conſtant & connu de tout le monde, que dans les années ordinaires les eaux couvrent le marais de Courtilx & toutes les terres voiſines, à compter du milieu de l'automne, juſqu'au commencement du mois de Juin, & que dans les années pluvieuſes, l'inondation continue toute l'année. Les adverſaires diſent que ces terres ſont plus baſſes que la greve qui met obſtacle à l'écoulement des eaux. Si ce fait étoit vrai, l'obſtacle ſeroit le même dans tous les mois de l'année. S'il tombe beaucoup d'eaux dans les mois de Juillet & Avril, elles ſeroient arrêtées dans les marais, comme dans les mois de Janvier & de Février; elles couvriroient donc les terres dans les mois de Juillet & Août, comme dans la ſaiſon d'hiver. Mais on verra dans la ſuite que cette allégation ellemême n'eſt qu'une erreur.

Il eſt, dit-on, une conſidération eſſentielle: *C'eſt que les pertes occaſionnées par le deſſéchement, ſoient compenſées, & au-delà, par le bien qui en réſulteroit, ſans quoi la perte eſt reçue, & le défrichement inutile.*

Ce principe eſt inconteſtable; mais les calculs qui le ſuivent ſe reſſentent de l'inexactitude de tous les faits articulés dans la Requête des Adverſaires. Quel que ſoit le produit du marais, lorſqu'il ſera deſſéché, ce ſera un profit net, qui ne ſera ſuſceptible d'aucune défalcation. Car dans l'état où il eſt, (les habitans l'ont dit dans tous les tems, & le fait eſt certain) il eſt abſolument perdu. Mais doit-on compter pour rien deux à trois mille vergées de terre, appartenant à des particuliers, que le deſſéchement mettra dans la plus grande valeur poſſible ?

Le Suppliant a offert aux Habitans de Courtilx, & ils ne peuvent pas le nier, de faire tous les frais de leur deſſéchement, s'ils vouloient lui céder les deux cinquiemes de leur marais. Les trois autres cinquiemes leur feroient reſtés ſans aucune charge. C'étoit ſans doute une offre bien avantageuſe. Le bénéfice compenſoit bien les pertes, puiſque du propre aveu des Habitans, la totalité de leur marais eſt perdue. Ils auroient renoncé à 182 vergées de terre ſans produit, pour en conſerver plus de 260 en bonne valeur. S'ils avoient ſuivi le principe qu'ils poſent ici, ils auroient accepté cette offre avec empreſſement; ils auroient regardé comme leur bienfaiteur celui qui la leur faiſoit. Cependant (à peine pourra-t-on le croire) ils l'ont refuſée.

C'eſt à-dire, que pour conſerver 182 vergées de terre ſans produit, ils veulent en perdre 445; que pour conſerver 182 vergées de terre inondée & inutile, ils veulent que deux à trois mille vergées de terre appartenant à des particuliers, ſoient habituellement couvertes d'eau; que les propriétaires perdent leurs labours, leurs engrais, leurs ſemences, leurs herbes, leurs fourages, qu'ils ſoient ruinés enfin. Quel caprice, quel aveuglement!

Il y a une derniere obſervation qui au premier coup d'œil paroît plus importante, & que l'on fait valoir avec complaiſance. C'eſt que « le nouveau canal tracé dans la » greve, paſſe au-devant de 36 ſalines, qui compoſent le » havre de Courtilx, que les eaux douces y formeront des » fondrieres, qu'elles attireront la mer qui détruira les ſalines » & anéantira les droits qu'elles payent à VOTRE MAJESTÉ, » & qui montent à plus de 30000 livres, indépendamment » des tailles, capitations, &c. ».

Il ne faut point être verſé dans la ſcience du Génie, pour

raſſurer les habitans de Courtilx ſur les maux qu'ils préſagent, & qu'ils ſe plaiſent à groſſir. L'ancienne *guaintre* ou canal, par lequel les eaux s'écoulent dans la greve, y fait beaucoup de circuits, avant de ſe dégorger dans la riviere. La nouvelle douve le coupe dans les endroits où elle s'approche le plus des ſalines, & le nouveau canal s'en écarte.

Autrefois cette *guaintre*, après avoir décrit une infinité de ſinuoſités ſur la greve, dans l'eſpace d'une lieue, portoit ſes eaux à la mer, auprès du mont Saint-Michel. Elle préſentoit l'embouchure à la marée montante, qui y entroit avec violence, & y faiſoit des excavations profondes. Elle baiſſoit les greves & attiroit la riviere du côté de Courtilx. C'eſt ce qui arriva il y a environ 66 ans.

Mais depuis ſix à ſept ans, les eaux du marais, aidées par les marées, ſe ſont formé un nouveau canal à environ 200 toiſes du pont de l'Anguille. Il a ſa direction en remontant du côté des terres, enſorte que la mer ne monte plus au pont de l'Anguille que lorſqu'elle l'a dépaſſé de beaucoup ; & comme alors elle eſt obligée de ſe replier ſur elle-même, ſon mouvement eſt doux & tranquille. Par ce moyen les ſalines ſeront pour jamais à l'abri des incurſions de la mer, ſur-tout lorſque le canal tracé en ligne droite par des Ingénieurs, ſera exécuté. Alors la marée ne trouvant rien qui s'oppoſe à ſon paſſage, ne cauſera aucune dégradation à ce canal, & les eaux douces qui coulent des terres en abondance, le nettoyeront & le tiendront toujours en bon état. L'inſpection du plan tracé par les Ingénieurs, rendroit ſenſible la ſolidité des obſervations que l'on fait ici.

Il ſeroit inutile d'en dire davantage ſur les obſervations préliminaires hazardées par les Adverſaires. Que leur ſert-il en effet d'exagérer les frais du deſſéchement ; de s'écrier *qu'ils ont bien de la peine à payer leurs impoſitions ordinaires* ; qu'il faudroit donc qu'ils abandonnaſſent leurs marais ? Ces propos & autres ſemblables, ne ſont propres qu'à exciter le mépris, lorſqu'on fait réflexion que le Suppliant, par l'effet d'une d'une bonne volonté dont ils n'ont pas sçu profiter leur a offert de deux choses l'une, ou de se charger du desséchement, s'ils vouloient lui abandonner les deux cinquiemes de leurs marais, ou de les faire subroger à l'adjudication, s'ils vouloient faire eux-mêmes le desséchement, par économie, en se conformant au devis.

A l'égard des autres propos hazardés dans les mêmes observations, le Suppliant, pour éviter des répétitions inutiles, se réserve de les relever en discutant les Moyens employés dans la même Requête.

REFUTATION

Des Moyens employés dans la Requête présentée sous le nom des Habitans de Courtilx & Huisnes.

Le premier moyen des adversaires est une pure déclamation « Le masque est tombé, disent-ils, le sieur Meslé » se l'est mal-adroitement arraché. C'est lui seul qui demande » l'exécution de l'arrêt du 4 Novembre 1766, parce qu'il y » est seul intéressé. Cette démarche prouve que notre Re» quête au Parlement n'étoit point hazardée, & les soup» çons que nous avions, qu'il avoit lui-même sollicité la » Requête pour obtenir l'Arrêt du 4 Novembre 1766, de» viennent des vérités démontrées. Pourquoi les qualifie-t» il de traits calomnieux & outrageans? Pourquoi en de» mande-t-il une réparation authentique »?

Tous ces grands mots sont évidemment déplacés. Le Suppliant n'a jamais dissimulé qu'il eût intérêt au desséchement du marais de Courtilx. Il l'a dit dans tous les tems & dans toutes les écritures qu'il a fournies. C'est comme co-intéressé qu'il a signé la Requête des Habitans de Courtilx & Servon; c'est en la même qualité qu'il s'est donné des soins pour la faire réussir, & c'est encore en la même qualité qu'il reconnoît être sujet à contribuer aux frais du desséchement. Mais conclure de ce qu'il demande seul aujourd'hui le desséchement ordonné par un Arrêt du Conseil, qu'il y est seul intéressé, & que c'est lui qui a sollicité la Requête sur laquelle l'Arrêt est intervenu, c'est assurément heurter de front les principes d'une saine logique.

Quoique le Suppliant soit seul aujourd'hui à demander l'exécution de l'Arrêt du Conseil du 4 Novembre 1766, en est-il moins vrai que la Requête sur laquelle il a été rendu & qui subsiste dans les bureaux du Conseil, étoit signée des principaux habitans de Courtilx, & de ceux de la paroisse de Servon? en est-il moins vrai que cette Requête n'est pour ainsi dire que la répétition de celles qu'ils avoient déja présentées en 1741, 1759 & 1760? On fait paroître aujourd'hui ces même Habitans pour former opposition au desséchement. Mais il n'en résulte qu'une preuve d'inconstance, ou si l'on veut de séduction. Il ne s'ensuit pas qu'ils n'ayent demandé ce desséchement dans tous les tems, qu'ils ne le demandassent encore actuellement, si l'on leur laissoit la liberté de suivre leurs propres lumieres, & que cet ouvrage ne soit véritablement utile, & même nécessaire.

Les habitans ont desiré le desséchement jusqu'au moment où ils ont appris qu'il devoit coûter plus de 10000 livres. Alors ils n'ont plus vu que l'objet de la dépense, & c'est cette considération dont on s'est servi pour les aveugler sur leurs intérêts, en leur faisant refuser l'offre évidemment avantageuse que leur faisoit le Suppliant, de payer les frais du desséchement, moyennant la cession de deux cinquiemes de leur marais; mais ce caprice de leur part ne change rien à l'utilité du projet en lui-même.

Le Suppliant avoit deux motifs pressans de se pourvoir au Conseil. Son honneur injustement flétri, exigeoit une réparation. La partie la plus précieuse de sa Ferme de la Bretesche, étoit & est encore désolée & perdue par le reflux des eaux du marais de Courtilx. Le desséchement n'étoit que sursis par l'Arrêt du 13 Mai 1768. Il avoit lieu d'espérer que VOTRE MAJESTÉ, pleinement instruite de la nécessité indispensable de cette opération, daigneroit la prescrire de nouveau. Ses eſpérances n'ont point été trompées, & les ouvrages du deſſéchement, déja fort avancés, ſeroient actuellement finis, ſi des gens mal intentionnés n'euſſent pas employé la ſurpriſe, pour en arrêter l'exécution.

Le défrichement du marais n'eſt point une opération à laquelle les Habitans ſoient les maîtres de ſe refuſer; ils y ſont obligés par leurs aveux, & c'eſt la condition de leur propriété. Le poſſeſſeur d'une ſeule vergée de terre inondée ſeroit fondé à exiger d'eux qu'ils rempliſſent leurs obligations, & il n'y a point de Tribunal dans le Royaume où ſa demande ne fût favorablement accueillie. Pourquoi le Suppliant poſſeſſeur d'une Ferme qui fait le principal objet de ſa fortune, ne pourroit-il pas provoquer une opération ſans laquelle une partie conſidérable de cette Ferme ſera toujours inondée ? L'affaire étoit liée au Conſeil, qui avoit fait défenſe de ſe pourvoir ailleurs à peine de 1000 livres d'amende; le ſuppliant ne pouvoit point invoquer d'autres Juges.

Après avoir fait une mauvaiſe critique de la Requête inſérée en l'Arrêt de Décembre 1768, les Habitans paſſent à la Requête ſur laquelle a été rendu l'Arrêt du Conſeil du 4 Novembre 1766, & ils l'attaquent tant dans la forme que dans le fond.

Dans la forme, « elle n'a pas été précédée, diſent-ils, » de trois convocations, ni de bulletins envoyés aux pro- » priétaires, comme il eſt preſcrit par l'Arrêt du Parlement » du 26 Juillet 1751 ».

Le vœu des Communautés pour le deſſéchement, eſt général. Il a été conſtamment répété depuis vingt-neuf ans par des requêtes preſentées, en 1741, 1759, 1760 & 1764. Il vient d'être renouvellé par la requête préſentée au Conſeil par les habitans de Servon, par laquelle ils demandent le partage de leurs communes, & par les habitans de Courtilx eux-mêmes qui ont envoyé à Avranches quatre Députés pour y faire le modele d'une délibération, à l'effet de demander le partage de leurs marais. Les annonces & les bulletins preſcrits par l'Arrêt du Parlement du 26 Juillet 1751, n'ont eu pour objet que de constater que les affaires des Communautés sont connues, réfléchies & qu'elles sont entreprises d'un consentement général. Jamais affaire a-t-elle été plus connue, plus réfléchie, plus généralement & plus constamment sollicitée que celle du desséchement dont il s'agit? Le Conseil en a jugé ainsi, puisqu'il a prononcé sur la requête; & quand on pourroit supposer qu'il y eût quelque défaut de formalité, n'est-il pas couvert par l'Arrêt qui a été rendu?

Mais d'ailleurs il ne faut jamais perdre de vue que le desséchement n'est point une opération qu'il soit libre aux habitans de faire, ou de ne pas faire. C'est un engagement qui leur a été imposé par la concession primitive des communes, & qui s'est renouvellé continuellement par les aveux qu'ils ont rendus à la Seigneurie. Ainsi quand il n'y auroit eu, ni délibération pris , ni requête présentée, chaque particulier n'en seroit pas moins fondé à demander que les habitans de Courtilx rendissent le cours des eaux libre. Donc sous quelque point de vue qu'on envisage la requête présentée en 1764, & surlaquelle a été rendu l'Arrêt du 4 Novembre 1766, soit qu'on la regarde comme une délibération, ou comme une requête, l'Arrêt qui en a adjugé les fins, est légalement rendu; l'on ne pourroit demander qu'il fût rapporté qu'en justifiant que le desséchement qu'il a ordonné n'est point nécessaire.

Les Habitans semblent avoir prévu cette réplique dont ils sentent toute la force. Ils essayent de prouver que si les requêtes ne sont point admissibles pour la forme, elles ne le sont pas plus pour le fond. Quand il n'étoit question que de suppositions, ils affectoient un air d'assurance; mais ici, il s'agit de faits qui sont sous les yeux de tout le monde, ils changent de ton. Comme il n'est point possible de les enchâsser dans leur systême, ils essayent au moins de les déguiser.

Quant au premier motif, les habitans de Courtilx ne disconviennent pas qu'ils sont obligés par leurs aveux de curer les douves dans l'étendue de la paroisse. « Ils disent que tou-

» tes les fois qu'il a plû à leur Seigneur de les y contraindre, » ils ne s'y sont jamais refusés. Ne l'ont-ils pas fait sans y être » forcés, & toutes les fois que leur intérêt personnel l'exi- » geoit de chacun d'eux? Mais elles sont mal curées, disent » les requêtes. Supposé ce cas, on ne pourroit que demander » qu'elles fussent mieux curées, mais non pas qu'il fût fait » un nouveau canal qui en multipliant les frais, occasionne- » roit la perte d'une quantité considérable de fonds en » valeur ».

Les habitans dans leurs requêtes de 1741, 1759, 1760 & 1764 ont dit *que les douves de leurs marais s'étoient tellement comblées de boue & d'herbiers depuis le commencement de ce siecle qu'elles n'avoient été ni curées ni vuidées, qu'il n'y avoit pas de libre la grosseur d'une personne.* (Ce sont leurs propres expressions.) Comment concilier cet exposé tant de fois répété, avec le curage qu'ils disent aujourd'hui avoir fait toutes les fois que leur Seigneur les y a contraints, ou que leur intérêt personnel l'a exigé?

Par la requête présentée en 1764, & que le Suppliant a signée avec les habitans de Courtilx & Servon, on a demandé seulement qu'il fût fait un canal à partir du bout du *Grand-Dent* jusqu'au pont de l'Anguille, & qu'il fût fait une seconde arche à ce pont qui est trop étroit, ou qu'il en fût construit un plus large. VOTRE MAJESTE' a jugé à propos d'ordonner qu'il fût dressé un plan du terrein & un devis estimatif des ouvrages nécessaires pour le dessécher.

Les communautés auroient desiré, dit-on, que l'Arrêt eût ordonné seulement le curage des douves, & il semble qu'elles s'y seroient volontiers soumises. Mais elles n'envisagent pas les dépenses énormes qu'auroient exigé ces travaux. Le marais est divisé par trois douves, qui par différens circuits qu'elles décrivent, s'allongent chacune au moins du double. Le canal unique tracé par les Ingénieurs dans la ligne la plus droite, & qui rassemble toutes les eaux, n'a que cinq points par toise de pente, c'est-à-dire, un sixieme moins d'une demi-ligne. On conçoit que les anciennes douves s'allongeant du double, la pente se trouve réduite à *zéro* ; que par conséquent comme les eaux y dorment & qu'elles y déposent les limons qu'elles charrient des terres supérieures, on seroit obligé de recommencer le curage tous les deux ans, ou au moins de trois ans en trois ans. Ce seroit alors que le terrein ne vaudroit pas tant de dépenses. Cette observation prouve la sagesse de la disposition de l'Arrêt du 4 Novembre 1766 qui ordonne la levée des plans.

« QUANT au second motif, (fait-on dire aux habitans), » on ne peut nier que plusieurs particuliers ne pêchent des » anguilles dans les douves. Elles peuvent n'être pas bonnes » pour des bouches délicates; mais au moins le sont-elles » pour ceux qui les pêchent & pour ceux à qui elles sont ven- » dues. Ainsi quelque qualité qu'elles puissent avoir, il n'en » est pas moins certain que cette sorte de pêche est *une bran-* » *che de commerce* pour cette paroisse, &c. ».

Le Suppliant en appelle là-dessus à la notoriété publique. Les anguilles dont il s'agit se nourrissent dans la fange & dans la boue dont les douves sont remplies. Comme les douves sechent presque tous les ans en été, les paysans prennent les anguilles, ou bien elles meurent & pourrissent. Elles sont toujours très-petites. On les pêche de deux manieres. Si l'on veut les prendre pendant que les douves sont encore remplies d'eau, on fait des chaussées qui traversent les douves & ne laissent à l'eau qu'un passage étroit dans lequel on place un filet. Dans les tems de sécheresse, les paysans remuent la boue des douves d'où il sort des exhalaisons puantes. Des hommes presque nuds se vautrent dans la fange du fond de laquelle ils tirent les anguilles à demi mortes & couvertes de boue. La premiere maniere est défendue par les Ordonnances, elle arrête le cours des eaux & les fait refluer sur les terres dont elles gâtent les productions. La seconde est dangereuse d'abord pour les pêcheurs, par les mauvaises exhalaisons qu'ils respirent, & ensuite pour les habitans des environs, parce que le poisson pêché de cette maniere, porte la corruption dans le sang de ceux qui ont l'imprudence d'en manger. Voilà une *branche de commerce* bien précieuse pour la paroisse de Courtilx. Il faut être dans une grande disette de bons moyens pour en adopter de pareils.

« Quant au troisieme motif (ce sont les Habitans qui parlent, au sujet des ponts construits sur les douves), il est » notoirement vrai. Mais est-ce une raison pour demander un » nouveau canal, puisque celui-ci sera exposé au même incon- » vénient, *à moins que le sieur Meslé, par l'autorité qui lui » est confiée, ne fasse monter jour & nuit la garde à la Maré- » chaussée, &c.* »

On s'est sans doute beaucoup applaudi d'avoir trouvé cette mauvaise plaisanterie. Mais voici le vrai. Comme les anciennes douves sont fort étroites, il étoit facile d'y construire de petits ponceaux, avec de simples morceaux de bois brut, sur lesquels on mettoit des gazons qui s'ébouloient ensuite dans les douves. Mais le nouveau canal est bien différent. Il est construit en glacis, de maniere qu'il a quinze pieds de largeur dans le fond & trente-trois pieds d'ouverture par le haut.

Par conséquent, il ne sera pas possible d'y multiplier les ponts comme autrefois, & ceux que l'on construira, seront solides & ne gêneront point le cours des eaux. Ceux qui font parler les Habitans, ont senti la peine de se tirer d'embarras là-dessus; ils ont cru s'en dédommager en disant des injures au Suppliant.

Les adversaires discutent ensuite le quatrieme motif; & voici comment ils s'expliquent à ce sujet.

« Quant au quatrieme & dernier moitif, il est plus sérieux. » Il est question de l'inondation de plus de trois mille ver- » gées de terre pendant toute l'année. Si cela étoit aussi vrai » qu'il est faux, on ne pourroit que desirer les moyens de des- » sécher ces fonds. Il est bien vrai que le marais de Courtilx » est inondé plus ou moins, selon les années plus ou moins » pluvieuses, mais c'est sa situation qui le permet. Ce marais est » un terrein plat & spongieux, qui conserve lui-même ses eaux

» qui ne peuvent se filtrer que très-difficilement. Il est d'ailleurs plus bas que la greve, & c'est précisement par-là que » le refluement des eaux sur elles-mêmes est occasionné, plutôt que par les prétendus fossés ou chûtes de ponts sur les » douves. Tout autre canal que celui qui existe souffriroit donc » les mêmes difficultés, quelque profond & quelque large qu'il » pût être, parce qu'il ne pourroit jamais avoir un lit plus élevé » que le sol de la greve. Il est malheureux sans doute pour » les Propriétaires de ces fonds de les voir exposés à être » inondés, lorsque les années sont pluvieuses ; mais c'est » un mal sans remede & qui ne les affecte point, parce qu'il est » prévu & regardé comme de nécessité, tout ainsi que le se» roit un autre terrein, dans une situation seche & aride ».

Les Habitans conviennent donc que s'il y avoit trois mille vergées de terre inondées, on ne pourroit que desirer les moyens de dessécher. C'est un aveu bien consolant pour le Suppliant, & qui tranche toute difficulté. Il est constant en effet, qu'il y a trois mille vergées de terre inondées. C'est un fait que les Habitans ont avancé eux-mêmes dans un tems non suspect, ils l'ont exposé au sieur Commissaire départi à Caen, en 1741, 1759 & 1760. « Ces douves & bieux, disoient-ils alors » (& l'on ne peut trop souvent le leur rappeller) se sont telle» ment comblés de boue, feuilles & herbiers, depuis 18 à » 19 ans qu'ils n'ont été vuidés, ni curés, qu'il n'y a pas de » libre la grosseur d'une personne dans le fond, & les eaux » n'ayant plus leur passage libre par iceux, se répandent sur le» dit marais en si grande abondance, qu'elles en ôtent tout » l'usage. Elles sont même obligées de retourner vers leur » source, & *submergent plus de deux à trois mille vergées de » terre tant en prés, herbages, que terres labourables, tant en la » paroisse de Servon, Huisnes, que Courtilx, ce qui leur porte » une perte considérable* ».

Malheureusement pour les Adversaires, ils ne peuvent point supposer que ce soit le Suppliant, qui ait sollicité les Habitans de donner ces requêtes. En l'année 1741, il n'étoit pas encore en Basse-Normandie. En 1759 & 1760, il il ne penſoit pas à acquérir la ferme de la Breteſche. En vain feroit on dire aux Habitans qu'ils *déſavouent* ces requêtes, qu'elles ſont *irrégulieres*, qu'elles n'ont point été précédées de bulletins, ni de trois annonces. Les annonces & les bulletins ne ſont point néceſſaires pour dire une vérité dont on reſſent ſi vivement les ſuites cruelles; ces Requêtes ſont ſignées d'un grand nombre d'Habitans & des plus notables.

Mais pourquoi recourir à ces anciennes Requêtes? Les Adverſaires prouvent ici eux-mêmes, & malgré eux, le fait qu'ils oſent nier. *Ces terreins ſont plats*, diſent-ils, *& plus bas que la grêve, & c'eſt préciſément par-là que le refluement des eaux ſur elles-mêmes eſt occaſionné, plutôt que par les prétendues chauſſées, &c.*

Donc, du propre aveu des Adverſaires, les eaux ſont arrêtées, quoiqu'ils en donnent une raiſon qui n'eſt pas véritable, ainſi qu'on le verra bientôt. Or les eaux de douze Paroiſſes ſupérieures y tombent par trois rivieres différentes en ſi grande abondance, que dans les tems pluvieux chacune d'elles peut faire moudre trois à quatre moulins (ce ſont les Habitans qui l'ont dit eux-mêmes dans leur propre Requête); par conſéquent ces eaux, en ſe gonflant, inondent néceſſairement le terrein plus bas. Or ce terrein plus bas contient 2 à 3 mille vergées de terre: donc, de leur aveu, deux à trois mille vergées de terre ſont inondées. Ils conviennent que *ſi ce fait étoit auſſi vrai qu'il eſt faux, on ne pourroit que deſirer les moyens de deſſécher.* Ils viennent de convenir que le fait eſt vrai: ils ont donc décidé contre eux-mêmes dans leur propre Cauſe.

Mais, dit-on, *c'eſt un mal ſans remede.* Quelle mauvaiſe foi! Les Habitans voient tous les jours le contraire ſous leurs yeux, puiſque la nouvelle douve que l'on a creuſée depuis le pont de l'Anguille juſqu'au grand-Dent, donne aux eaux un écoulement rapide; enſorte qu'il n'en reſteroit ni dans les marais, ni dans les terres circonvoiſines, ſi les canaux ſupérieurs étoient ouverts, ſi le pont de l'Anguille étoit élargi. Par conſéquent il n'eſt pas vrai que le ſol de la grêve ſoit plus élevé que le ſol du marais; par conſéquent il y a un remede,

& ce remede est trouvé, puisqu'il est déja en partie exécuté. N'est-il pas bien malheureux que les Habitans, livrés à des Conseils que la passion empêche de réfléchir, refusent de se rendre à des vérités aussi claires !

C'est ce même esprit de passion qui a fourni aux Adversaires le raisonnement qu'ils font sur l'inconvénient des maladies occasionnées par la puanteur des douves. « L'autre inconvé- » nient, leur fait-on dire, occasionné dans les années seches, » n'est pas plus vrai, ou du moins il est l'effet ordinaire que » produisent les douves ou fossés. Celui proposé par le sieur » Meslé n'en seroit pas exempt, parce que, comme on l'a re- » marqué, les eaux ne pouvant avoir d'écoulement, croupi- » roient, & répandroient des exhalaisons aussi mauvaises & » aussi pernicieuses que celles qu'on prétend que les douves » actuelles répandent, car il se trouveroit aussi dans le nou- » veau canal des anguilles. Au surplus, est-il bien constant » que les fievres dangereuses auxquelles on assure que les Ha- » bitans de Courtilx sont sujets tous les ans, viennent de cette » cause ? L'alternative de la chaleur & du froid qu'éprouvent » ces Habitans en faisant cuire ou bouillir du sel, n'en seroit- » elle pas plutôt la cause, &c ? »

Ce qui résulte de plus clair de tout ce discours, c'est que les Adversaires ne peuvent disconvenir que dans la paroisse de Courtilx & dans les environs, il y a chaque année des fievres & des maladies dangereuses : il ne faut donc plus qu'en connoître la cause. Ce n'est certainement pas l'alternative du chaud & du froid dans les salines, car il est notoire qu'en général le pays ne fournit point de gens plus robustes & plus sains que ceux qui travaillent à la fabrication du sel. D'ailleurs il n'y a dans la paroisse de Courtilx que trente-six salines, & dans chaque saline il n'y a ordinairement qu'un seul *Boidrot* occupé à faire cuire le sel ; cependant tous les Habitans sont sujets à la fievre, ils traînent tous une vie foible & languissante, & très peu parviennent à l'âge de soixante ans. Il est donc évident que ce n'est point le travail des salines qui occasionne cette mortalité. Et quelle autre cause peut-on y assigner, que la puanteur habituelle occasionnée par le croupissement des eaux, & par la pourriture des anguilles & autres petits poissons, même des sangsues, qui s'y trouvent en abondance, & qui périssent presque tous les ans pendant la chaleur de l'été?

Mais reprenons l'objection des Adversaires. On vient de voir que le canal projetté par les Ingénieurs, & déja en partie exécuté, a une pente suivie, au moyen de quoi l'eau ne peut point y séjourner. Le propre des eaux douces est de creuser; on l'a éprouvé en 1768 d'une maniere bien sensible, la *guaintre* dans la greve a été approfondie de plus de dix-huit pouces. Ainsi, toutes les eaux du marais coulant dans un volume considérable, entraîneront les limons, elles rendront le canal plus profond. Cet approfondissement pourra même être très-considérable, parce que, quoi qu'en puissent dire les Adversaires, il est certain qu'à partir du marais jusqu'à la superficie de la riviere, il y a une pente de plus de quinze pieds. La preuve en est que dans cet endroit la mer monte au moins de quinze pieds, qu'elle entre dans le marais, & qu'elle s'en retourne.

Delà il résulte que le nouveau canal étant toujours exactement curé par l'effet même des eaux qui y couleront, il ne pourra plus y rester d'anguilles pendant l'été, & que par conséquent il ne pourra plus y avoir de mauvaises exhalaisons occasionnées par le croupissement des eaux, ni par la pourriture des poissons. Dans l'état actuel, les héritages des riverains sont coupés d'une multitude de douves dont on a tiré les terres pour en élever le sol; l'eau y croupit, & les anguilles s'y nourrissent & y périssent ensuite. Le desséchement fait, ces douves deviennent inutiles; elles seront comblées: on augmentera ainsi d'un tiers la superficie du terrein, & l'on détruira pour toujours la cause de la mortalité.

Pour ce qui concerne les Paroissiens d'Huisnes, ils n'ont point en effet donné de Requête; mais les Ingénieurs chargés du desséchement, ont pensé sans doute qu'il ne pourroit pas être parfait, s'ils ne réunissoient les eaux du petit marais de cette Paroisse, pour leur donner l'écoulement par la douve de Courtilx. Quoi qu'il en soit, ce n'est point au Suppliant à rendre raiſon des opérations des Ingénieurs, & il eſt ridicule de vouloir l'en rendre reſponſable. Ajoutons néanmoins que quand les Ingénieurs ſe ſont tranſportés ſur les lieux pour dreſſer leurs plans & le devis des ouvrages, ils ont travaillé ſous les yeux des Habitans d'Huiſnes, auſſi-bien que de ceux de Courtilx ; que les uns & les autres n'y ont rien trouvé à redire, & qu'il ne leur eſt pas venu dans l'idée d'y former aucune oppoſition. Ce n'eſt que depuis qu'on a trouvé le ſecret de les ameuter contre le Suppliant, qu'on leur a fait critiquer les opérations des Ingénieurs.

C'eſt par une complaiſance déplacée, & pour n'avoir pas vu d'un œil juſte les avantages qui devoient réſulter du deſſéchement, que les Religieux du Mont S. Michel, ou plutôt leur Procureur, encore fort jeune, ont adhéré à la délibération de la paroiſſe d'Huiſnes. Ils n'y ont aucun intérêt ; car on doit compter pour rien douze à quinze vergées de prairies relevant de leur Seigneurie, que le nouveau canal rangera du côté de la paroiſſe de Servon. Un procès-verbal de l'état des lieux, fait à l'amiable, de concert & ſans frais entre les deux Seigneurs, aſſurera leur mouvance. Rien n'eſt ſi commun que de voir une même piece de terre relever de trois à quatre Seigneurs, qui ſavent bien s'arranger entre eux pour leurs droits reſpectifs.

C'eſt ſans aucune raiſon qu'on réclame contre la prétendue injuſtice de la répartition des frais du deſſéchement. Il n'y a eu encore ni répartition, ni rôle, ni impoſition : on n'a encore rien payé à l'adjudicataire. Le bulletin que le Suppliant a envoyé aux Habitans, n'étoit qu'un ſimple avertiſſement, pour les prévenir que, ſuivant le devis des Ingénieurs, les ouvrages à faire dans la paroiſſe de Courtilx montoient à tant, & ceux à faire dans la paroiſſe d'Huiſnes, à tant. C'eſt au ſieur Intendant ſeul qu'il appartient de faire la répartition, qui, comme on vient de le voir, n'eſt pas faite ; mais quand elle le ſeroit, les Habitans n'auroient-ils pas la liberté de s'en plaindre au Conſeil, s'ils s'y croyoient léſés ?

On reproche au Suppliant d'avoir voulu faire tomber ſur

les Habitans de Courtilx & Huisnes seuls les frais du desséchement, pour en exempter la paroisse de Servon, où sa ferme est située, parce que par ce moyen il auroit sçu s'exempter de toute contribution. Il faut bien peu connoître la façon de penser du Suppliant.

L'adjudication des ouvrages du desséchement monte en total à 16100 livres; les travaux qui regardent la paroisse de Courtilx montent à 10831 liv. 10 s. 10 d.; ceux qui regardent la Paroisse d'Huisnes ne sont portés qu'à 704 livres 16 sols. Ces deux sommes forment un total de 11536 livres 6 sols 10 deniers. Par conséquent sur 16100 livres montant de l'adjudication, il reste 4536 livres 13 sols 2 deniers, à la charge de la Paroisse de Servon. Donc le Suppliant n'a point cherché à exempter cette Paroisse de contribuer au desséchement, ni à se soustraire lui-même à l'imposition qu'il doit légitimement supporter.

Il y a plus : le suppliant a 17 vergées de terre en propriété, à reprendre dans le marais de Courtilx. De tems immémorial, le Suppliant jouit par indivis, avec les Habitans, du droit d'usage dans le marais, par le moyen d'un pont construit sur une de ces douves. Il a fait signifier aux Habitans par exploit de Despreaux, du 3 Décembre dernier, qu'il entendoit exercer ses droits, aux offres de payer sa part des frais du desséchement qui sont à leur charge, non-seulement pour les dix-sept vergées, mais pour toute l'étendue de sa ferme, à raison de son droit d'usage. Voilà comme le Suppliant cherche à se dispenser de contribuer aux frais du desséchement.

Telles sont les réponses du Suppliant, aux objections des Habitans de Courtilx & Huisnes. Quant aux injures qu'ils se sont permises contre lui, dans leur Requête au Parlement, il les abandonne au mépris qu'elles méritent.

Il observera seulement à l'égard de sa fortune, qu'on a eu d'autant plus de tort de le présenter comme un homme riche, qu'il lui a fallu plusieurs années pour payer 12500 livres que lui a coûté la ferme de la Bretesche.

On annonce qu'il a été, pendant plus de vingt ans, Contrôleur des actes & exploits. Eſt-ce un reproche ? Si c'en étoit un, que peut-il ajouter au mérite de la cauſe ? Comment oſe-t-on prêter un caractere odieux à une fonction autoriſée par le Souverain ?

A l'égard de la naiſſance (car on a attaqué le Suppliant de tous les côtés) il n'a point à rougir de la condition de ceux qui lui ont donné le jour. Son pere & ſon grand pere ont été pendant plus de cent ans Subdelégués de l'Intendance de Soiſſons; ſon frere l'eſt encore. Il eſt l'aîné de dix-huit enfans; ſes pere & mere n'étoient pas riches; il a été ce qu'il a pu être; mais il a toujours exiſté avec honneur. Le ſieur Intendant de Caen lui a donné ſa confiance, & les ſuffrages de ce Magiſtrat font ſon apologie.

Au reſte le Suppliant ſe flatte d'avoir prouvé qu'il n'a employé aucune des ruſes & des manœuvres qu'on a l'indiſcrétion de lui reprocher ſous le nom des Habitans de Courtilx & Huiſnes; qu'il n'a point ſurpris la Requête par laquelle ces Habitans ont demandé le deſſéchement de leurs marais, & que l'Arrêt du 4 Novembre 1766 eſt auſſi juſte que l'exécution en eſt indiſpenſable, même pour l'avantage de ceux qui paroiſſent aujourd'hui s'y oppoſer.

C'eſt une ruſe groſſiere & une pure méchanceté de vouloir confondre le Suppliant avec ces conceſſionnaires avides, qui cherchent à s'emparer des communes des Paroiſſes, ſous prétexte de les deſſécher. Le Suppliant n'a jamais demandé à VOTRE MAJESTE' la conceſſion du marais de Courtilx. S'il a offert aux Habitans de cette Paroiſſe de ſe charger du deſſéchement, moyennant l'abandon des deux cinquiemes de leurs marais, ce n'a été que par pure bonne volonté & dans l'intention de venir à leur ſecours. Cette offre étoit d'autant moins ſuſpecte, qu'en cas de refus, il leur offroit de les faire ſubroger à l'adjudication.

Quant à l'utilité, ou plutôt à la néceſſité du deſſéchement, c'eſt un point de fait, qui ne peut pas être douteux. Il eſt atteſté par les Habitans eux-mêmes, dans les Requêtes qu'ils ont préſentées en 1741, 1759 & 1760, par les aveux qu'ils font actuellement dans la présente instance, & par la notoriété publique.

Dans ces circonstances, ce ne peut être que par l'effet de la mauvaise volonté la plus caractérisée, que ces Adversaires s'obstinent à s'opposer au desséchement, sur-tout après ces offres évidemment avantageuses que le Suppliant a faites aux Habitans de Courtilx. Il est évident que par cette opposition, par l'affectation de s'adresser toujours au Parlement de Rouen, malgré les défenses réitérées faites par Votre Majesté de se pourvoir ailleurs qu'en son Conseil, on n'a eu d'autre objet que de susciter au Suppliant un mauvais procès, & que pour tout dire en un mot, ce n'est ici qu'une affaire de cabale & un complot formé pour nuire gratuitement à un homme qui ne s'est jamais occupé que de faire le bien dans l'Election, dont l'administration lui est confiée.

Le Suppliant joindra à la présente requête les deux actes qu'il a fait signifier aux Habitans de Courtilx & Servon, le 3 Décembre dernier.

A CES CAUSES, SIRE, plaise à VOTRE MAJESTÉ donner acte au Suppliant, de ce que pour réponses aux Requêtes des Habitans de Courtilx, Huisnes & Servon, signifiées le même jour 23 Février dernier, il emploie le contenu en la présente & aux pieces y énononcées & jointes, & ce qu'il a ci-devant écrit & produit en l'instance. Procédant au jugement de ladite instance, sans avoir égard à l'opposition formée par les Habitans de Courtilx & Huisnes, à l'Arrêt du Conseil du 21 Mars 1769, ni aux demandes, fins & conclusions prises, tant par lesdits Habitans de Courtilx & Huisnes, que par ceux de la paroisse de Servon, dans lesquelles ils seront déclarés non recevables & subsidiairement mal fondés, ou dont en tout cas, ils seront déboutés, ordonner que ledit Arrêt du Conseil du 21 Mars 1769, ensemble celui du 4 Novembre 1766, seront exécutés selon leur forme & teneur. Condamner lesdits Habitans de Courtilx, Huisnes & Servon, en telle amende qu'il plaira à VOTRE MAJESTÉ d'arbitrer, & aux dépens qui seront liquidés par le ſieur Commiſſaire départi en la Généralité de Caen; ordonner que l'Arrêt qui interviendra, ſera imprimé, lu, publié & affiché par tout où beſoin ſera, au nombre de cent exemplaires, aux frais deſdits Habitans, & le Suppliant ne ceſſera de faire des vœux pour la ſanté & conſervation de VOTRE MAJESTÉ.

Monſieur **LANGLOIS**, *Conſeiller d'Etat, Intendant des Finances.*

Me MARIETTE, Avocat.

De l'Imprimerie de L. CELLOT, rue Dauphine, 1770.

www.ingramcontent.com/pod-product-compliance
Lightning Source LLC
LaVergne TN
LVHW012011160826
845678LV00002B/773

* 9 7 8 2 3 2 9 6 6 8 8 0 2 *